Bienvenido al mundo de la Hipnoterapia, ya que por medio de este libro cambiaras y mejoraras las vidas de muchos seres humanos que merecen una calidad de vida mejor.

— *Isabela Owl-Tena*

# ISABELA OWL-TENA

ISABELA OWL-TENA

# HIPNOTERAPEUTA PROFESIONAL CERTIFICATE CONMIGO Y AUMENTA TUS INGRESOS

Las 3 claves que nadie te contó para hacerlo con éxito.

Isabela Owl-Tena
**HIPNOTERAPEUTA PROFECIONAL
CERTIFICATE CONMIGO Y AUMENTA TUS
INGRESOS**

Reservados todos los derechos. Ninguna parte de esta publicación puede ser reproducida, almacenada en un sistema de recuperación o transmitida de cualquier forma o por cualquier medio, electrónico, mecánico, fotocopiado, grabación o de otro modo sin el permiso previo del editor o de acuerdo con las disposiciones de los derechos de autor de la ley de Diseños y Patentes de 1988 o bajo los términos de cualquier licencia que permita la copia limitada emitida por la Agencia de Licencias de Derechos de Autor.

Diseño de portada: Eliezer Zelar
Diseño de texto: Cindy Pantoja
Diseño de imágenes: Faviola Cervera & Cindy Pantoja
Editorial Mundo Holístico USA
Se puede obtener un registro CIP para este libro en los datos de catalogación en publicación de la Biblioteca del Congreso.

ISBN-13: 979-8218121259

# DEDICATORIA

"Este libro se lo quiero dedicar a todas las personas que han contribuido en mi desarrollo como maestros de vida, si no fuera por ustedes, yo no estuviera donde estoy. Al dolor emocional y a cada lágrima porque eso me animó a salir de mi zona de confort y encontrar mi pasión y misión laboral de vida. En segundo lugar, a cada uno de mis clientes que desde el 2007 confiaron en mí, a mis alumnos, y en especial aquellos que desean tener una práctica exitosa, a ustedes cabe decirles que, si se puede y que cada día hay más necesidad en la humanidad, por lo tanto, la carrera profesional de Hipnoterapia es una necesidad. A ti que lees, ya que este libro llegó a tus manos por alguna razón, puesto que no hay casualidades, hay sincronidades y esta es una de ellas. A mis hijos quienes son mi motor de vida, y sin duda alguna a mi niña interior. Cada vez que veo una foto de cuando era pequeña, me hace recordar que siempre tuve la sensación de que haría cosas grandes en la vida, que hoy se resumen en cambiar otras vidas, dar luz a personas, y contribuir a que este planeta sea mejor."

— *Isabela Owl-Tena*

# CONTENIDO

Dedicatoria . . . . . . . . . . . . . . . . . . . . . . . . 9
Agradecimientos . . . . . . . . . . . . . . . . . . . .17
Introducción . . . . . . . . . . . . . . . . . . . . . . .23
   Aprendiendo Hipnoterapia . . . . . . . . . . .26

## *CAPÍTULO 1*
Un Poco De Historia
Sobre La Hipnosis . . . . . . . . . . . . . . . . . . .29

## *CAPÍTULO 2*
¿Qué es la Hipnosis? . . . . . . . . . . . . . . . . .37

## *CAPÍTULO 3*
Una Metáfora del
Cerebro . . . . . . . . . . . . . . . . . . . . . . . . . .43

## *CAPÍTULO 4*
¿Para qué Sirve la
Hipnoterapia? . . . . . . . . . . . . . . . . . . . . . .49
   Emociones No Gestionadas y sus Efectos en el Cáncer. . . .52
   Esquema De Primera Consulta . . . . . . . . . .54
   Esquema Final . . . . . . . . . . . . . . . . . . .58

## *CAPÍTULO 5*
Cómo Alimentar la Mente y el Corazón . . . . . . . . . . . .61

## *CAPÍTULO 6*
Por Donde Empiezo a Estudiar . . . . . . . . . . . . . . . .69

## CAPÍTULO 7
El Mundo Necesita más Personas Sanas y más Hipnoterapeutas . . . . . . . . . . . . . . . . . . . . . . . . . . . 79

## CAPÍTULO 8
Como ser Un Hipnoterapeuta con Éxito . . . . . . . . . . . . 87

## CAPÍTULO 9
Sanar La Relación Con El Dinero . . . . . . . . . . . . . . . . . 95

## CAPÍTULO 10
El Éxito Llega Aplicando Tres Ingredientes Importantes . . . . . . . . . . . . . . . . . . . . . . . . . . . . . . . . 105

## CAPÍTULO 11
La Importancia de Sanar la Autoestima . . . . . . . . . . . 115
   Caso de Lorena: ¡Ha nacido una niña y es fea! . . . . 118
   Caso de Jhoana: Chica Emprendedora sin Éxito . . . . 120
   Caso Personal: Relación con la Pareja Dispareja . . . . 121

## CAPÍTULO 12
La Motivación en la Hipnoterapia . . . . . . . . . . . . . . . 125
   Un ejemplo de motivación: . . . . . . . . . . . . . . . . . . 129

## CAPÍTULO 13
Hábitos que Matan Lento y Seguro . . . . . . . . . . . . . . 131
   Sobrepeso . . . . . . . . . . . . . . . . . . . . . . . . . . . . . . 134
   ¿Cuándo, Dónde, y Por Qué Como? . . . . . . . . . . . . 135
   Fumar . . . . . . . . . . . . . . . . . . . . . . . . . . . . . . . . . 139

## CAPÍTULO 14
Dolor Físico y Emocional . . . . . . . . . . . . . . . . . . . . . 143
   Dolor Físico . . . . . . . . . . . . . . . . . . . . . . . . . . . . . 145
   Dolor Emocional . . . . . . . . . . . . . . . . . . . . . . . . . 147

    Dolor de Espalda (Físico) . . . . . . . . . . . . . . . . . 149

    Dolor de Oído (Emocional) . . . . . . . . . . . . . . . . 150

## CAPÍTULO 15

Problemas de Salud . . . . . . . . . . . . . . . . . . . . . . . 153

    Amor Propio . . . . . . . . . . . . . . . . . . . . . . . . . . 158

    Mensajes Ocultos . . . . . . . . . . . . . . . . . . . . . . . 159

## CAPÍTULO 16

Ganarse el Sustento a Través de la
Creatividad . . . . . . . . . . . . . . . . . . . . . . . . . . . . . 163

    Baja Autoestima . . . . . . . . . . . . . . . . . . . . . . . 165

    Limitaciones Económicas . . . . . . . . . . . . . . . . . 167

    Reducción del Estrés . . . . . . . . . . . . . . . . . . . . 169

    Falta de Disciplina . . . . . . . . . . . . . . . . . . . . . 170

    Malos Hábitos Alimenticios . . . . . . . . . . . . . . . 171

    Lealtades Familiares . . . . . . . . . . . . . . . . . . . . 173

    Karma . . . . . . . . . . . . . . . . . . . . . . . . . . . . . . 173

## CAPÍTULO 17

El Aprendizaje y La Memoria . . . . . . . . . . . . . . . . 177

    Baja Autoestima . . . . . . . . . . . . . . . . . . . . . . . 179

    Nada es lo que Parece . . . . . . . . . . . . . . . . . . . 180

    Factor Estrés . . . . . . . . . . . . . . . . . . . . . . . . . 180

    Problemática Múltiple . . . . . . . . . . . . . . . . . . 181

## CAPÍTULO 18

La Hipnoterapia y el Éxito en el Deporte . . . . . . . . 187

## CAPÍTULO 19

La Sanación del Niño Interior . . . . . . . . . . . . . . . . 195

    Relaciones Toxicas . . . . . . . . . . . . . . . . . . . . . 197

## CAPÍTULO 20
La Terapia Regresiva. . . . . . . . . . . . . . . . . . . . 201
   ¿Qué es la terapia regresiva? . . . . . . . . . . . . . . . 203
   ¿Para qué sirve? . . . . . . . . . . . . . . . . . . . . . 203
   ¿Qué tipos de regresiones existen? . . . . . . . . . . . . . 203

## CAPÍTULO 21
La Hipnoterapia Aplicada para
Diferentes Situaciones . . . . . . . . . . . . . . . . . . 207

Conclusión . . . . . . . . . . . . . . . . . . . . . . . . 211

Testimonios. . . . . . . . . . . . . . . . . . . . . . . 217

Bibliografía . . . . . . . . . . . . . . . . . . . . . . . 269

# AGRADECIMIENTOS

Agradezco primero a Dios por ser ese misterio profundo de la vida que me guio a esta misión profesional de enseñar y porque me dio el talento de expresar mis ideas de manera sencilla para que otros entiendan. A mis padres Reyna Isabel y Daniel, que, en ese momento único hormonal de pasión y amor, eligieron comprometerse para traerme a la madre tierra desde lo más infinito de sus almas. Ellos son maravillosos porque me dejaron ser siempre, me dejaron equivocarme y me enseñaron valores que aún conservo como buen programa, y que no quiero que se me borren por si llego a nacer en otra vida.

A mi esposo Nicolás por darme el impulso y motivarme a terminar este libro. Él es un hombre que hace que las cosas pasen, como buen acuariano es super creativo con una capacidad extraordinaria para crear y manifestar. Gracias por recordarme a cada semana que el libro tenía que estar si o si terminado en el 2022.

A mis abuelos que amo tanto, a mi pasita —como le decimos de cariño— quien me crio, me consintió y siempre me apoyó incondicionalmente cuando más lo necesité. Por ser la mujer más bondadosa que he conocido; también a mi abuelo, quien dejó en mi DNA sus enseñanzas del cosmos, ambos personas íntegras y sabias. A mis hijos, Rodrigo, Angélica y Dyami por enseñarme a creer en mí, a sacar una fuerza que no pensé jamás tener para trabajar, estudiar, y a la misma vez tratar de ser mamá y aceptar mis imperfecciones. A los padres de mis hijos, quienes asumieron mi rol mientras yo viajaba por trabajo y no podía estar con ellos, gracias por el apoyo.

A Josie Hadley quien me miró fijamente a los ojos cuando por primera vez me senté en la escuela de Hipnoterapia de Palo Alto y me dijo que a partir de aquel día mi vida jamás sería igual, y que cada día sería mejor. Con su mirada me hizo una hipnosis fulminante y me programó instantáneamente —cuánta razón tenía— ella ha sido mi inspiración para lograr escribir este libro, ya que el suyo hizo volar mi mente.

A Dorthy Tyo porque es mi mentora, quien creyó en mí y me dio la oportunidad de ser la directora del programa en español de Hipnoterapia para Palo Alto School of Hypnotherapy. Escuela establecida en 1977 por Josie Hadley, con un currículo 100 % terapéutico y profesional. Ella sin saber que esa acción que tomó conmigo ha cambiado la vida de cientos de personas que hemos certificado, ya sea por su superación personal o profesional, yo le digo a ella que su cuenta de ahorros en el cielo está gorda de bendiciones.

Gracias a las abuelas de *La Danza de la Luna*, Abuela Malinali, y abuela Ana Carmona, quienes me han enseñado el camino rojo de las mujeres que caminamos en belleza y que año tras año tratamos de ser mejor para dar un buen servicio a la humanidad amándonos primero a nosotras mismas para poder servir. Sin duda he aprendido muchísimo de las sabidurías ancestrales y tradiciones culturales que nos dan los secretos del libro más sabio que es el cielo.

A mi querida Madrina Moraima Márquez, quien ha estado siempre sosteniendo mis procesos personales y enseñándome tanta sabiduría de su magia.

Por supuesto, a mis alumnos, exalumnos, y clientes que me conocieron por medio de la radio cuando tuve mi programa *Balance Emocional* en estación *La Grande 1010 y 990 AM*. A los que me conocieron por televisión cuando hacía segmentos en la televisora Univisión 14 de San Francisco, California. A los que ahora me conocen por referencia o redes sociales, gracias infinitamente por permitirme llegar como una mariposa de obsidiana que va al fondo, a la oscuridad, y saca a la luz lo mejor de ustedes. Gracias a todos, por su amor, por su confianza, porque para mí es un privilegio ser la Doctora Corazón/Mente, como muchos de ustedes me llaman.

Gracias también a mí, porque siento el amor de todos ustedes, en todos los aspectos. Por reconocer que su amor es uno de los regalos más hermosos que el alma puede activar. Por mi fortaleza, y porque amo estar aquí. Espero que me sigan dando la oportunidad de dar lo mejor de mí en cada clase y en cada terapia, ya que la satisfacción de verlos transformarse es la gasolina que me lleva a seguir en este camino infinito que me apasiona LA MENTE.

# INTRODUCCIÓN

**R**ecientemente, la Hipnoterapia ha comenzado a ser aceptada como una ciencia, ya que cada día son numerosos los estudios e investigaciones que muestran sus beneficios. Hoy en día más personas están interesadas en el estudio de la Hipnoterapia para conocerse a sí mismos, o para tomarla como una carrera profesional. Su demanda aumenta cada día más porque es considerada una terapia breve que en pocas sesiones ayuda a liberar el estrés que está relacionado con los problemas que los seres humanos lidiamos habitualmente. Por ejemplo, fobias, miedos, baja autoestima, traumas de infancia, los problemas en las relaciones interpersonales, y problemas de dinero, por mencionar algunos. Este libro está diseñado como una herramienta terapéutica que puede ser usada para aportar a la vida diaria del lector, ya sea a nivel personal o profesional. Especialmente para quienes trabajan dentro del mundo de la salud mental o emocional como terapeutas o instructores. Todas aquellas personas que sueñan ayudar a los demás dentro de su comunidad también pueden utilizarlo para hacer un cambio radical en sus vidas.

El propósito principal de Hipnoterapeuta Profesional Certifícate Conmigo y Aumenta Tus Ingresos es ayudar al lector a comprender los tremendos daños psicológicos, emocionales, y físicos que los seres humanos heredamos de generación tras generación. Son muchas las personas que pasan toda su vida sin saber, o cuestionarse del por qué se sienten de cierta manera, por qué les suceden patrones repetitivos, por qué no pueden realizar sus más grandes deseos sintiéndose estancados, y sin rumbo. Muchas personas pasan toda una vida en un sufrimiento y sin saber que las emociones son regidas por un programa mental que es heredado por nuestros antepasados. También llevamos los programas de crianza que aprendemos los primeros seis años de vida, los de vidas anteriores (vidas pasadas), y durante toda la vida seguimos programando patrones, o emociones que marcan de alguna manera negativa nuestro subconsciente. La ciencia ha demostrado que los problemas mentales son causados a raíz de problemas no resueltos de nuestros ancestros y las experiencias que vivimos desde el vientre de la madre. A lo largo de este libro explico más a detalle como sucede este proceso.

## Aprendiendo Hipnoterapia

En las clases que enseño de Hipnoterapia hablamos de que nuestros cinco sentidos son canales poderosos con los que percibimos el mundo que nos rodea y que también nos hace atraer todas las experiencias a través de los sentimientos que activamos con dichos canales. Como dice Neville Goddar autor del libro Sentir es el Secreto, el sentir es lo más poderoso para manifestar tanto lo positivo como lo negativo en todas las áreas de nuestra vida. Cuando somos niños sentimos más que pensar, esto nos hace grabar y asumir que lo que vemos, sentimos y escuchamos es real, incluyendo todo lo positivo y negativo en nuestras vidas. Las personas acumulamos sentimientos en nuestra infancia, adolescencia e incluso en la etapa adulta, programando creencias y percepciones, lo cual nos lleva a un solo patrón de supervivencia, es decir, un modo de actuar, pensar, sentir, y hacer.

La Hipnoterapia se enfoca en crear un cambio positivo de percepción en lo más profundo del subconsciente. El objetivo es que el receptor, ya sea cliente o alumno, termine cada sesión con el pensamiento de "No lo había visto de esa manera" y cuando se logra esto, el subconsciente está listo para comenzar una nueva programación. Esto crea lo que se llama neurogénesis (nuevas conexiones neuronales) y permite a la persona vivir su vida de una manera diferente a como la venía viviendo. El desarrollo de los temas, ejemplos, e historias de personas a los que la Hipnoterapia les cambió la vida te harán comprender tu entorno. A medida que leas los siguientes capítulos, tú también dirás la famosa frase "No lo había visto de esta manera." Imagínate que, si con solo leer te ocasiona reaccionar de esa manera, ahora cuando estudies y profundices lograrás un cambio de conciencia no solo para ti sino para todo aquel a tu alrededor, ya sea familia o futuro cliente.

La vida es para disfrutarla y lo que he aprendido en estos 16 años desde que empecé como alumna, luego como hipnoterapeuta profesional certificada (2006) y por último certificándome como Máster hipnoterapeuta (2009), es que la felicidad se logra cuando te desprendes de todo aquello que no te pertenece como los "Programas Familiares" que heredaste porque eres parte de ese clan familiar. También aprendí que por amor incondicional eres la persona elegida que tú escogiste subconscientemente para cortar con cadenas nocivas. Dímelo a mí que lo hice. Cuando comprendes aquello que te hace sufrir y conoces para qué llegó a tu vida, lo trasciendes y logras sacar lo mejor de cada situación. A eso yo le llamo madurez emocional. Por último, una vez que desprogramas todo aquello que no te sirve de manera positiva, descubres que tu cerebro es mágico como la lámpara de Aladino, ilimitado como el infinito, alquímico como el agua que se puede hacer vino, y poderoso como el ave fénix que renace de las cenizas.

Deseo que en cada capítulo de este libro puedas resonar con la información y que te preguntes, investigues y razones sobre quién eres, quien puedes ser y como lo puedes lograr. Será fascinante ver cómo con este libro muchas personas encontrarán no solo información, sino también respuestas, inspiración, y motivación para comenzar a ser cambios positivos en sus vidas y crear un mejor futuro desde el presente, ya que la máquina del tiempo no es una ilusión, es real y la tienes dentro de ti, allí en tu cabeza. Tu cerebro es la máquina del tiempo y tu mejor arma es el sentir y visualizar, dos ingredientes poderosos, y lo que es mejor aún, es que son gratis. Es solo cuestión de aprender la estructura de la Hipnoterapia, la cual es un placer enseñar a cada persona que se sienta a aprender o usarla para sanar a las personas que vienen a terapia. Desde que conocí la Hipnoterapia, yo no he parado de estudiar, de investigar y sobre todo de reconocer que mis mejores maestros y quien hacen mi experiencia son mis alumnos y clientes. Bienvenidos al mundo de la Hipnoterapia, has llegado al punto perfecto de tu vida en el cual comenzaras a conocer tu mundo interno para que puedas entender el mundo externo y más allá de lo que existe en el universo.

Quiero hacer notar que a partir de esta página encontrarás una frase al final de cada capítulo, este te servirá como un mantra que facilitará la transformación positiva que experimentarás a través de la lectura de este libro.

*"El mejor ejemplo para cambiar el mundo comienza con uno mismo, y por consecuencia la familia y la sociedad."*
*— Isabela Owl-Tena*

*CAPÍTULO 1*

# UN POCO DE HISTORIA SOBRE LA HIPNOSIS

La Hipnoterapia ha sido practicada en obras antiguas usadas en las castas sacerdotales que la usaban como rituales para adivinar el futuro, sanar y programar a su pueblo para adorar a sus Dioses. A lo largo de este capítulo haremos un pequeño recorrido de algunas culturas que nos han dejado un legado en donde las evidencias nos enseñan que la hipnosis ha sido siempre un fenómeno investigado y practicado, el cual ha servido para aliviar males a través de la mente y energía.

Hoy en día constantemente observamos lo mal que está el mundo a nuestro alrededor y criticamos a las personas que no han logrado alguna estabilidad emocional, pero no nos detenemos a analizar que estos adultos son niños heridos criados por otros adultos que a su vez también fueron heridos. Si nuestros ancestros usaban la hipnosis para sanar, nosotros también podemos hacerlo para mejorar nuestras vidas y las de nuestra descendencia.

En uno de los muchos papiros encontrados en Egipto, el llamado Papiro de Harris fue escrito con caracteres hieráticos y fue datado a 5,000 años antes de Cristo. Este fue traducido por Chabas en 1860, y en él, podemos encontrar procedimientos básicos que provocan los estados de hipnosis que practicamos hoy en día. Siguiendo con el mágico Egipto, exactamente en Tebas, se descubrió un papiro que es datado a 3,000 años antes de Cristo con ciertas frases que hoy para nosotros sería lo que le llamamos sugestiones, en este papiro dicen frases como, "Pon tu mano sobre el dolor y dile que se vaya," y se muestran haciendo procesos similares a los que hoy en día practicamos. Por último, siempre en Egipto, tenían muchos templos y dentro de ellos había santuarios como el de Serapis en donde las personas acudían con el propósito de sanarse de enfermedades y le llamaban rituales; en la actualidad le llamamos arte terapia.

También hay evidencias que en Grecia se usaba la hipnosis con éxito mediante lo que llamaban "Incubación." Se llegaban a estas sesiones curativas en las cuales eran inducidos al sueño por medio de miradas fijas y monótonas, en las cuales los sacerdotes usaban inciensos o hierbas que hacían que las personas entraran en sueños profundos, y cuando despertaban de ese viaje ellos se curaban. Asimismo, en Grecia usaban laberintos largos en donde el enfermo caminaba entre los pasillos con el objetivo de llegar al centro exhausto, y ahí lo esperaba un sacerdote que hacia una catarsis en donde se creía que se curaría después de hacer una expulsión de emociones y energía. En México, se ha encontrado evidencia en alguno de los códices de la tradición Mexica que indica que había personas que eran inducidas al sueño profundo, y que incluso bajaban los latidos de su corazón para que el alma saliera del cuerpo para que viajara a otros planos para obtener conocimientos ancestrales. Una vez que la persona recuperaba la conciencia, él plasmaba la sabiduría obtenida en otros planos, y el día de hoy a este proceso se conoce como Viajes Astrales.

Hay cientos de investigadores y escritores que hoy en día nos han dejado un legado sobre los beneficios de la hipnosis y su uso desde la antigüedad. En la India, los Fariques, hacían entrenamientos que hoy conocemos como Autohipnosis. Este, parece tener poderes curativos con un alto dominio de sus posturas corporales, que sin aplicar esas técnicas eso no fuera posible, y es muy similar a lo que pasa en el Yoga, donde el alumno es dirigido por el instructor, que lo va dirigiendo con una meditación hasta decirles sugestiones que harán que el alumno pueda lograr en pocas sesiones de Yoga lo que pensó que jamás podrá hacer por sí mismo, a eso se le llama Hipnosis Sugestiva.

Se sabe que entramos en estados hipnóticos cuando danzamos, escuchamos música, sonidos monótonos, rítmicos, ritos ancestrales, cuando dibujamos, coloreamos, etc. Lamentablemente, no conocemos tantas cosas porque los libros que contenían sabiduría sobre la hipnosis fueron quemados en los incendios dentro de la Biblioteca de Alejandría, y se perdió tanta información que era considerada como un legado para la humanidad. Yo estoy segura de que hoy nos ayudaría a no tener tantos problemas de salud mental, emocional, y física. Lo bueno fue que esa sabiduría siempre se pasó de manera oral, también es trasmitida por aquellos que llevamos memoria ancestral, y que hacemos esto como si ya lo hubiéramos hecho muchas veces más. Eso explica la pasión que sentimos por nuestro trabajo cómo hipnoterapeutas, nosotros simplemente amamos explorar la mente subconsciente, que es uno de los grandes misterios.

Desde hace cientos de años ha habido personas quienes se han dado a la tarea de investigar de manera más terapéutica, y espiritual los beneficios de la hipnosis en los seres humanos. Se tiene conocimiento que esto se ha hecho desde el principio de la historia, desde los chamanes de antiguas culturas, hasta Milton Erickson y Edgar Cayce que son los más conocidos y recientes de nuestra época.

Milton Erickson fue un reconocido Psiquiatra especializado en terapia familiar e hipnosis médica. Él creía que la mente subconsciente es una fuente de soluciones y creatividad. A los 17 años contrajo polio y estuvo paralizado, los médicos predijeron que moriría. No podía caminar ni hablar, por lo que durante todo ese tiempo se hizo muy consciente de la comunicación no verbal. Mientras estaba acostado en su cama, se concentraba en recuerdos de cuando él caminaba. Haciendo movimientos lentos, y poco a poco, comenzó a recuperar el control de su cuerpo. Finalmente, consiguió hablar y usar sus brazos nuevamente. Nunca fue capaz de recuperar en su totalidad la movilidad de sus piernas; pero logró caminar apoyado con un bastón.

Imagínate en esa época sin tanta tecnología, sin tantas oportunidades de terapias físicas e investigaciones que existen hoy, y él con las limitaciones de ese tiempo pensó y usó su propia mente "Regalo de Dios," como él se refería a la imaginación para recordar cómo se sentía caminar, y como se veía corriendo. Él mandó la señal a su cuerpo, porque la mente es la que le manda al cuerpo la señal, en forma de emoción, y el cuerpo lo codifica, así que conforme leas este libro encontrarás la importancia de usar nuestra mente subconsciente e inconsciente para poder hacer grandes cambios y vivir la vida que tanto deseamos.

En mi opinión, todos somos diferentes y no importa de dónde venimos, nuestro ambiente familiar, nuestra historia, nuestros hábitos, nuestra personalidad, todos tenemos programaciones negativas y emociones tóxicas. Lo más ideal es que nos conozcamos a nosotros mismos, nos hagamos responsables, y seamos adultos sanos para poder mejorar el rumbo de nuestras generaciones y la humanidad en general. Basta con ver alrededor lo mal que está el mundo y los adultos que solo tienen la edad, pero son niños heridos criando a niños inocentes que se merecen vivir una vida mejor.

Tengo tantas historias, tantos testimonios que no me caben en este libro que es mi primero para poder contarles todo lo que he vivido en cada consulta y en cada clase, por allí escuche una frase que me tocó mucho "Somos víctimas de víctimas." Y mi pregunta es hasta cuando vas a dejar de repetir la historia familiar, hasta cuando vas a permitir que el pasado se haga presente en tus finanzas, en todas tus relaciones, en tu salud física, emocional, mental, energética, y espiritual. Al final no importa de donde vengan tus patrones tóxicos, síntomas o diagnóstico, todo es una programación mental y se puede desprogramar para reprogramar, esto es realmente maravilloso. Te invito a que elimines todas las percepciones erróneas sobre la hipnosis e Hipnoterapia y que comprendas el valor de esta herramienta en la vida de cada ser humano, ya que aprender y aplicarla en la vida diaria es realmente transformador y aún más si te certificas y colaboras en transformar la vida de los demás en tu comunidad o país, y porque no en el mundo entero. Así como yo he estado haciendo desde el 2007 cuando he viajado a diferentes partes del mundo. A partir de esta página vas a encontrar al final de cada capítulo la frase que les repito a mis clientes, y estudiantes, cuando experimentan dificultades:

*"Recuerda que solamente es un programa, y un programa se puede desprogramar."— Isabela Owl-Tena*

*CAPÍTULO 2*

# ¿QUÉ ES LA HIPNOSIS?

Hasta la fecha actual, por mala interpretación, o falta de información, la hipnosis ha sido asociada con la hipnosis del espectáculo, con brujería, algo peligroso, raro, magia, y hasta ha sido señalada como un pecado si se llega a practicar. Sin embargo, la verdad es que no es cierto nada de lo mencionado, ya que ahora sabemos los beneficios de la doctrina filosófica que hay detrás de esta llamada ciencia gracias a un sinfín de investigaciones, libros, videos, y documentales. No solo eso, también hoy existen cientos de artículos que demuestran los numerosos beneficios de lo que llamamos Hipnoterapia.

Lo mejor de todo es que hoy en día existen demostraciones científicas como por ejemplo la psiconeuroinmunología (Conexión y relación de mente, cuerpo y emociones), esto demuestra que un pensamiento causa una emoción y una emoción desencadena una reacción. Básicamente, estamos hablando que casi siempre la enfermedad proviene de emociones que no se gestionan bien, creando el síntoma o la enfermedad. Lo que me emociona de todo esto es que ya no se separa la ciencia de lo holístico y de lo espiritual. Si yo pude sanar muchas cosas de mi vida, tú también lo puedes hacer a través de la Hipnoterapia, ya que trabajamos lo Holístico (como se relaciona los pensamientos, las emociones, y cómo afectan tu cuerpo).

La hipnosis es un proceso mental natural que los seres humanos experimentamos todos los días, incluso los animales también lo hacen. Tú que lees este libro debes saber que toda tu vida has estado en hipnosis, por ejemplo, cuando entras y sales del sueño profundo a través de las oscilaciones de ondas cerebrales, ya que tenemos los siguientes ciclos todos los días. Cuando un encefalograma (EEG) se utiliza para medir los patrones de ondas cerebrales, básicamente registra cuatro diferentes patrones de ondas que son, Beta, Alfa, Theta, y Delta. Cada uno de estos patrones indican las etapas dentro de la hipnosis, la siguiente definición es generalmente aceptada como una explicación científica de cada uno de estos patrones de ondas cerebrales. Las ondas Beta oscilan entre 14 a 21 ciclos por segundo, este equivale al estado alerta, y durante ella estamos completamente conscientes de lo que estamos haciendo y sintiendo. Las ondas Alfa oscilan entre 7 a 14 ciclos por segundo y es el estado similar a la meditación. Las ondas Theta que oscilan entre 4 a 7 ciclos por segundos y equivale al momento ideal para conectar con nuestro yo interno, meditación profunda, acceder a estados ampliados de consciencia, y en esta onda cerebral es donde trabajamos la Hipnoterapia. Por último, están las ondas Delta, estas equivalen al sueño profundo y reparador.

Gracias a estas ondas cerebrales podemos entrar y salir del sueño profundo, de estados de meditación, y estados de alerta. En la Ilustración 2.1 se puede ver el proceso de las ondas cerebrales vistas a través de un electroencefalograma.

En la Hipnoterapia utilizamos la tercera onda cerebral que es Theta para poder programar y desprogramar la mente subconsciente. Por lo tanto, tú entras y sales de este estado de hipnosis todos los días y es esta la base principal de la Hipnoterapia, ya que usamos las ondas theta a la cuales yo he definido como el Oro de la Mente.

En el siguiente esquema te pondré un ejemplo de actividades que hacemos para que puedas comparar los estados de ondas cerebrales.

Piensa por un momento en la siguiente analogía: tú estás frente a un palacio y quieres entrar porque quieres investigar o saber lo que hay dentro, pero un guardia no se quita de la puerta,

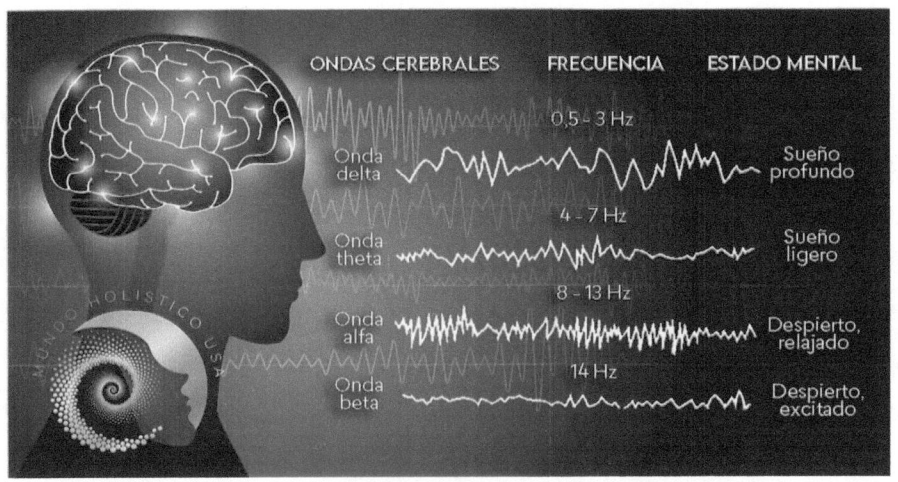

*Ilustración 2.1* Ondas Cerebrales y estados de la mente.

| Onda Cerebral | Estado Mental | Ejemplo de Actividad |
|---|---|---|
| Beta | Despierto/alerta | Trabajando |
| Alfa | Despierto/relajado | Meditando/imaginando |
| Theta | Sueño ligero/tratando de dormir | Soñando despierto y sintiendo sensaciones. |
| Delta | Sueño profundo | Durmiendo |

*Ilustración 2.2* Esquema de las Ondas Cerebrales y su actividad cerebral.

puesto que es el encargado de que nadie entre. Tú sabes que él, en algún momento, tiene que dormir o ser reemplazado, y tú tendrás solo unos segundos para poder ingeniar un plan para entrar a como dé lugar. Supongamos que después de varios intentos lo logras, tú llegas dentro, inspeccionas hasta el último cobertizo, y encuentras eso que tanto deseabas ver.

En la Hipnoterapia sucede lo mismo, el hipnoterapeuta es el

personaje que tiene curiosidad por saber de dónde viene cierto problema, síntoma, o enfermedad, y el subconsciente del cliente es el guardián que tenemos que ayudar a que se distraiga para que nos permita acceder. Una vez adentro, el hipnoterapeuta se encarga de desprogramar, reprogramar, o recordar un evento que causó un trauma, y para eso hay un protocolo que seguir, ya te contaré más adelante de cómo se puede lograr a través de ponerte algunos ejemplos.

Ya hablando desde el punto de vista terapéutico, la Hipnoterapia es así, tal cual; el guardia representa las ondas beta porque está alerta, y en cuanto baje la guardia llegará a las ondas Alfa, lo cual indica que se puede dormir y permitir la entrada antes de que llegue el relevo. Es entonces que se llega a las ondas Theta y este es el gran paso al castillo donde está lo que se busca. En conclusión, la hipnosis es lo más natural del mundo que nos sucede todos los días y lo único malo es que quizá usted no sepa sacarle el máximo provecho y no sepa que en su mente está su pasado, presente y futuro. Mientras más utilizo la Hipnoterapia, más me sorprendo de las altas posibilidades de cambiar todo aquello que no nos gusta de nosotros, ya que todos esos pensamientos forman parte de una programación mental y como todo buen programa, este se puede desprogramar.

*"Todo es un programa, y todo programa se puede desprogramar." — Isabela Owl-Tena*

*CAPÍTULO 3*

# UNA METÁFORA DEL CEREBRO

**D**urante el trayecto de la vida, vas aprendiendo cosas, como el lenguaje, los valores, los hábitos, etc. Vas adquiriendo experiencias, unas negativas y otras positivas, también vas creando percepciones sobre todo lo que te rodea y al final tienes una idea de lo que es la vida, y de lo que eres tú, a esto se le llama una MEGA PROGRAMACIÓN. Esta programación mental está constituida por las creencias y percepciones basadas en todas tus experiencias vividas. Cuando se presenta una programación mental negativa, esta se puede desprogramar con la Hipnoterapia a través de reprogramarla con algo positivo, que seas tú el que diseña tu presente, y cada experiencia a partir de ese momento. Como consecuencia de la Mega Programación estamos destinados a repetir patrones, que vemos reflejados en frases que decimos en la vida diaria como, "El dinero no me alcanza," "Por más que trato no puedo bajar de peso," o "Siempre encuentro parejas tóxicas." Ahora, pregúntate cuáles son tus patrones y que tan dispuesto estás a eliminarlos.

Muchas veces hacemos cosas sin saber la razón principal o la raíz del problema, por ejemplo, hay personas que utilizan drogas sin saber por qué, solo saben que eso es algo que los hace sentir bien. En estos casos la droga cubre el problema, más no lo soluciona desde la raíz. Para trabajar la mente es necesario pensar en el cerebro como un sistema operativo electrónico, ya que el ordenador y el teléfono inteligente se hicieron a base y semejanza del cerebro humano. En la infancia tu cerebro tiene un sistema operativo en blanco, puesto que un bebé no nace odiando, aprende a odiar durante su desarrollo, un bebé no nace con baja autoestima, se le crea una baja autoestima basada en sus experiencias negativas de vida.

El cerebro está dividido en dos hemisferios, el izquierdo que se considera el lado lógico y el derecho que se considera el lado intuitivo. Este hemisferio es el disco duro, ese que no se puede cambiar, que ya está instalado y que va a apoyar al disco suave que puede tener la capacidad para ir instalando y desinstalando. Pensemos por un momento en la siguiente analogía, tú tienes un ordenador o un celular y a este se le llama Teléfono Inteligente, tenemos distintos sistemas operativos en ambos aparatos, y para esos sistemas operativos se diseñan aplicaciones que las instalan en tu móvil. Pero llega un momento que después de cierto tiempo el móvil parece ser que gasta la batería muy rápido, se pone lento, o se apaga, y te desesperas porque no trabaja correctamente. Tú tienes varias opciones, entre ellas están, resetearlo, cambiar de aparato, borrar aplicaciones, borrar fotos, videos. Qué fácil es ¿verdad? Así mismo, tu disco duro ya trae una estructura y una base que se forma dentro del núcleo familiar, y todas las memorias, incluyendo las de tus vidas pasadas (reencarnación) forman parte de esa programación mental. Cuando llegas al mundo tu alma escoge a tus padres y comienzas la aventura que se llama VIDA ¿Te imaginas que fácil fuera si se pudiera agarrar tu disco duro como se hace con el celular y sacar esos patrones de tu vida que están instalados en él?, que se pudiera agarrar y borrar para siempre de tu vida lo que te estorba. Qué maravilloso, si fuera así de fácil, todo el mundo fuera feliz, nadie tomara medicamentos, nadie sufriera y no tuviéramos problemas. Sin embargo, la realidad es otra, hay que hacer un trabajo interior o como dicen los Mexicanos, se tiene que hacer la chamba.

En vez de cuestionar los acontecimientos en nuestra vida, o el sufrimiento que nos ha tocado vivir, te invito a que te metas en este libro y decidas como yo, a vivir intensamente cada momento que te ofrece, cada amanecer y cada anochecer, cada estación del año, y cada sensación. Te invito a que te desprogrames porque tú tienes libre albedrío y tú eliges como estar o como reprogramarte. Hoy puedo decirte que he sido testigo de la transformación de muchas personas que he ayudado por medio de sesiones terapéuticas y en clases. Ellos han logrado romper con programas familiares, han sanado memorias de vidas pasadas, han sanado traumas profundos de la infancia, y ahora viven su vida como ellos escogieron y no como el destino les tenía predispuesto por cargas transgeneracionales. Todo cambia cuando comienzas a tomar responsabilidad y dejas de sentirte víctima todo el tiempo. Ahora tú ya estás adquiriendo el conocimiento de cómo crear nuevos ciclos a través de leer este libro, y es tu responsabilidad el tomar la decisión de lograr esos cambios positivos para tu vida y tus generaciones futuras, si las tienes. Ya es tiempo de formatear patrones negativos de tu disco duro, solo tú tienes el poder de programar tu vida y elegir qué tipo de patrones seguirás.

*"Todo es un programa, y todo programa se puede desprogramar."* — *Isabela Owl-Tena*

*CAPÍTULO 4*

# ¿PARA QUÉ SIRVE LA HIPNOTERAPIA?

Muchas personas tienen la idea equivocada de lo que es la Hipnoterapia y las habilidades de un hipnoterapeuta. Para poder aclarar algunas de las dudas más frecuentes tengo que comenzar por decir que un hipnoterapeuta no es médico, yo como tal, no puedo decir que trabajo en aliviar alguna enfermedad porque no doy diagnóstico, y no receto medicina. Sin embargo, a través de la Hipnoterapia puedo trabajar con el cliente para encontrar la raíz de cierta enfermedad o un síntoma, la cual puede ser causada por una emoción no procesada, por un pensamiento que nunca cambió, e incluso por una percepción que marcó uno de los cinco sentidos. A su vez, dicha emoción se ha estancado en todos tus cuerpos como el mental, el emocional, el astral, el energético, el espiritual, y el físico. Todos llevamos en nuestro subconsciente un programa mental, cuando este ha sido marcado por un suceso negativo, lo vemos reflejado en problemas de salud. Para lograr una vida más saludable hay que desprogramar emociones negativas para luego reprogramar emociones positivas a través de la Hipnoterapia.

Definitivamente, la enfermedad es la simbología del subconsciente. Entendiendo esto, debemos pasar al siguiente paso que es investigar las emociones, qué conflicto de pensamiento hizo que el cliente entrase en un estrés prolongado y se refleje como consecuencia en una enfermedad o un síntoma. Tomemos la historia de Don Resentido como ejemplo para poder entender cómo podemos reconocer el problema de raíz en un programa mental. Él fue un cliente que tuve en el 2009 que llegó a mi vida por sugerencia de su hija y su esposa. Su hija había sido mi clienta que atendí en su parto, en esa época yo hacía el apoyo emocional y clases a mujeres gestantes, mientras seguía con la Hipnoterapia tanto como terapia y en clases. Ella me cuento la situación de su papá, y yo le dije que podríamos comenzar una terapia en su casa, ya que no se sentía bien de salud y no podía salir.

## Emociones No Gestionadas y sus Efectos en el Cáncer

Don Resentido tenía cáncer en el estómago, años atrás ya se había recuperado de cáncer en el ojo izquierdo y este era el segundo encuentro con esa enfermedad. Finalmente, llegó el día que llegué al domicilio porque él estaba en casa lidiando con los efectos de la quimioterapia. Él y yo nos sentamos, comenzamos a charlar, y yo comienzo con lo típico, explicándole cómo funciona la Hipnoterapia y dejando en claro que si decide trabajar conmigo no puede suspender su tratamiento médico. Fuimos hablando de las etapas de su vida, de las historias que no se olvidan y que marcan, él venía de una familia de más de ocho personas y trabajaban la tierra en su país. Ya con ese dato sabemos que desde niño él trabajaba y no tuvo una infancia en donde pudo socializar con otros niños y vivir experiencias de esa etapa. También con una familia tan numerosa, los padres no pudieron haber estado pendiente de todos los hijos y dar amor físico de una manera presente. Me imagino la vida tan ocupada de la madre, levantarse temprano y tener que cocinar, lavar, planchar, y todo lo que conlleva las tareas de casa. Es que no hay hormonas que involucren el amor a niveles profundos, que activen hormonas que son necesarias para el crecimiento, desenvolvimiento, y conexión con el mundo externo.

Me comentó de una historia, él de niño había ahorrado para comer carne cuando tenía ocho años, y en el camino de la carnicería a su casa un perro le devoró la bolsa con la carne. Cuando él llegó a casa solo con los restos de plástico en la mano y contó lo sucedido a su familia, ellos le cayeron encima a golpes diciéndole cosas como, eres un estúpido, tonto, y un inútil que no puedes hacer nada bien. A medida que él me contaba su experiencia, se le rodaban lágrimas por las mejillas. Cuando eso ocurre, hay que enfatizar que el subconsciente está reviviendo la experiencia como la vivió 54 años atrás. Él llegó a Estados Unidos cuando tenía 20 años, a esa edad él ya estaba lleno de memorias de abuso, dolor, y trabajo excesivo que le impidieron vivir la etapa de la niñez y adolescencia. Se casó un año después y formó una familia de tres niños, pero un día llegó a su casa y se encontró a sus hijos solos sin saber qué pasó con la madre. Mientras tanto, él se expresaba de ella como una cualquiera, sin saber realmente lo que había pasado. Yo viendo la historia desde fuera me preguntaba otras cosas, si la secuestraron, si andaba en malos pasos, o si la desaparecieron. No es común que una mujer abandone a sus hijos sin dar una explicación, especialmente si ellos son menores de cinco años. Sí, hay mujeres que lo hacen, pero siempre hay una razón y quiero que pongas atención a lo siguiente. Supongamos que esta mujer tampoco tuvo infancia ni adolescencia porque tuvo que ayudar a su familia. Se sentía cansada, frustrada, y con tres niños sola todo el día porque su marido tenía dos trabajos, quizá tenía depresión, soledad, y supongamos lo que la mayoría piensan que se haya ido con otro hombre. Tal vez lo hizo por venganza, o por amor, lo que haya sido, para hacer eso con sus hijos era porque no tenía activa la hormona del amor y eso hace que no haya empatía, que las personas actúen por impulso y no desde el corazón. Este tipo de personas tienden a reaccionar sin pensar en el daño psicológico que pueden causarles a sus hijos y a las personas que las rodean. Por esta razón muchas personas solo juzgan porque ven la punta del témpano de hielo que es visible, pero no ven el otro 90% que se encuentra sumergido, es aquí donde está la razón lógica. Si conociéramos la historia real de ella, tal vez dijéramos, "Quien en su lugar no hubiera hecho lo que ella hizo," así como se sentía era comprensible.

El siguiente esquema es un ejemplo de cómo abro un expediente tomando notas durante la primera consulta, yo siempre escribo cuando tengo un cliente de Hipnoterapia usando las 12 Leyes Universales, las cuales nos dominan a todo ser humano que habita en este planeta.

## Esquema De Primera Consulta

**Razón de la consulta:** Cáncer en el estómago.
**Causa:** Un tumor del tamaño de una pelota de béisbol.
**Efecto:** Dolor, no puede ir al baño por estreñimiento, acidez, no trabaja,
no tiene relaciones sexuales con su esposa, se siente amargado porque tenía
planes que no se pueden cumplir, cansancio, y la piel quemada por causa de
la quimioterapia.
**Mensaje del subconsciente:** Lo veremos en las terapias.

Esto es lo primero que pongo en una hoja y luego al final hago lo mismo y el esquema cambia, ya lo vamos a ver en breve, mientras tanto seguiré con el desenlace de la historia.

Hicimos con él cuatro sesiones, la primera fue reducción de

estrés para cambiar la percepción de la enfermedad. Después de esa sesión, él entendió que el regreso del cáncer era una oportunidad para cambiar sus hábitos y descansar, ya que él no había parado nunca de trabajar desde los seis años y se sentía bien en casa hasta cierto punto. Sin embargo, los pensamientos negativos lo debilitaban, tales como, "Estás perdiendo dinero", "Eres un inútil si no estás trabajando," "Cuando te mueras vas a descansar," "Me siento con pena que mis hijos me atiendan," "No me gusta mi aspecto físico," "La boca me huele mal," "Tengo miedo de que mi esposa se vaya con otro porque no puedo satisfacerla sexualmente" ... Y la lista es larga. Claro, todo esto son esos diablillos que están en la mente que no somos conscientes y vienen de todo lo que mencioné anteriormente, de percepciones, de creencias, emociones no procesadas y de traumas que no resolvió nunca porque jamás en su vida había hecho terapia de ningún tipo. Esa terapia fue muy linda, él comprendió muchas cosas como las emociones que no había gestionado en la etapa de la niñez y la falta de demostración de afecto. También le hice su audio de Hipnoterapia para remediar el estrés como seguimiento y dejé tarea de hacer una lista de pensamientos preocupantes sobre el cáncer como, su miedo a morirse y el miedo al dolor.

En la segunda terapia, trabajamos el niño interior, para cerrar esos ciclos que tenían emociones y percepciones erróneas para limpiarlas, y rescatar esa energía de su campo astral, energético, mental, emocional y espiritual. Cuando tenemos traumas que no sanamos nuestra energía se queda fragmentada en el espacio y tiempo, por esa razón nos sentimos inseguros porque sentimos que nos falta algo, y en la mayoría de las veces esta es la razón, aunque puede haber muchas otras razones.

La tercera terapia fue llevarlo dentro de su cuerpo a conectar con su tumor, y que la emoción llevara al origen, y nos llevó a los hijos del primer matrimonio en donde él se sentía incomunicado porque ellos no eran empáticos con él. Me comentó que sus hijos no le hablaban sabiendo que estaba enfermo, y que, en la mayoría de las veces, solo lo buscaban para pedirle dinero. Ellos ya tenían su vida hecha y tenían trabajos. Él me comentó que cuando la mamá desapareció se los tuvo que llevar a su país de origen dejándolos con su mamá, la abuela de los niños. Él se regresó a USA a trabajar y mandaba dinero, esos niños se quedaron en su país hasta la adolescencia, y yo me pregunto que habrán sentido ellos, si pasaron por doble abandono, y claro las circunstancias eran duras y no había muchas opciones en ese momento, se hizo lo mejor que se podía en esa situación. Bien dicen que cada persona tiene una historia de dolor que contar, ¿qué habrán pasado esos niños en ese pueblo, los maltrataban?, ¿los abusaron?, ¿se sintieron solos? Tal vez lloraban por las noches, por su mamá, por su papá, por lo que dejaron en Estados Unidos, el cambio de idioma, la cultura; la sociedad, si a uno de adulto le cuesta un mundo, asimilar esos cambios, imagínate unos niños, es que sacarlos de su zona de confort es terrible para la mente.

Ahora quizá entenderás que esos niños que ahora ya eran adultos tenían miles de razones por las cuales no tenían empatía con su papá, aunque él era el proveedor y que gracias a él tenían una carrera, un buen trabajo, y una vida estable. Según él, les decía cuando eran jóvenes, que ellos no tenían nada de qué preocuparse, más que estudiar. Yo aquí hago un llamado de consciencia a todos los que somos padres, nuestros hijos ya sean jóvenes o niños, sí tienen muchas cosas de que preocuparse y muchos problemas porque cuando van a la escuela cada niño experimenta diferentes preocupaciones en su vida diaria. Se preocupan por competir, por encajar, por entender, por sentir, por aprender y sacar buenas notas para no meterse en problemas. No le vuelvas a decir eso a tus hijos, si lo has hecho, ahora es un buen momento para pedirles, perdón. Yo siempre digo en mis clases, no es lo que decimos, es como lo decimos y la simbología que cada cosa tiene marca un impacto en nuestro ser.

Mi cliente estaba metido en su percepción de que sus hijos no agradecen todo lo que hizo, que no lo quieren, cuando no sabemos la historia del otro lado. En esa terapia él me decía que el tumor se miraba como atrapado, era como morado y olía mal, me decía que en su cabeza miraba una mesa de conferencia, pero un vidrio grande no lo dejaba pasar y dentro de allí era como una cabina de radio con tres micrófonos. Claro, estaba de que el tumor venía de todo eso y los tres micrófonos representan sus tres primeros hijos, la cabina es comunicar, hablar, la mesa de conferencia, discutir, y el vidrio no lo dejaba pasar, el vidrio era grueso, decía él, que era imposible quebrarlo porque estaba ese lugar protegido, no lo dejaban pasar. El vidrio representa la protección que él se estaba haciendo para no escuchar todo lo que los hijos le querían decir, y es que en el fondo se sentía culpable (causa emocional de cáncer), y también como él es el papá, sus hijos se protegían de él porque no querían reproches. ¿Cómo le hacemos dije yo? Terminamos esa sesión y lo mismo, le dejé tarea, le mandé su audio y nos vimos dos semanas después.

Yo llegué preparada para su cuarta sesión y había preparado la terapia del perdón esencial en donde lo llevaría a hablar con el subconsciente de sus hijos para sanar la culpa. Yo le había dejado un ejercicio que debía tener listo y era escribir una carta a los hijos para poner la intención de lo que trabajaríamos antes. Me senté y le pregunté si estaba listo, para lo que contestó que no, me dijo que lo había pensado y el plan le parecía tonto. Él no entendía por qué era el quién tenía que pedir perdón, a lo que yo le contesté que, si él aún no estaba preparado para hacerlo en ese momento, podía tomarse unos días más para pensarlo. A todo esto, traté de explicarle que no era así, que era importante porque el tumor para la tercera sesión, el médico, le había dicho que estaba como el tamaño de una moneda de 25 centavos. Fue fascinante ver cómo el cuerpo estaba respondiendo a todo, a sus terapias y sus tratamientos médicos. Sin embargo, no hubo manera que lo convenciera y le dije, "Pues muchas gracias por intentar, por la confianza, tiempo y aporte que le dio a mi conocimiento." Me paré, fui hablar con su esposa y le expliqué la situación, y ella me dijo, "No se preocupe Isabela, lo intentamos y más no se puede hacer."

Con los meses el tumor regresó más grande, no se pudo hacer nada y él murió dos años después de una manera agonizante.

### Esquema Final

**Pregúntate:** ¿Qué lo mató, el cáncer o el resentimiento? Creo que la respuesta es
clara. Vamos a ver cómo quedó el esquema anterior ahora que hemos conocido la
historia.
**Razón de la consulta:** Cáncer en el estómago
**Causa:** Resentimientos, infancia estresante de trabajo, emigrar y dejar su familia
"El dolor de dejar el nido y su país", el abandono de su exmujer, la indiferencia de
sus hijos, y hay una lista que no incluí porque es larga

de todo lo que salió en cuatro terapias.
**Efecto:** Tumor (Emociones congeladas).
Mensaje de su subconsciente al cuerpo: Perdonar, soltar, digerir, dejar fluir,
agradecer, empatía, compasión a los demás.

Mi cliente falleció dos años después y nunca resolvió el conflicto con los hijos de su primer matrimonio. ¿Me pregunto cómo irá a volver a encarnar, cuál plan traerá en su próxima vuelta por este plano?, ya hablaré sobre este otro tema en mi segundo libro que lo dedicaré exclusivamente al tema de la reencarnación y encarnación.

Espero que este ejemplo te haya servido para reflexionar un poco sobre tu vida, lo que traes en la mente, lo que tu cuerpo carga, los valores que se están perdiendo en nuestra sociedad como la velocidad de un rayo. Ya casi nadie tiene empatía, compasión, y amor por los demás, todo se ha vuelto competencia, miedo, incertidumbre, odio, y todos culpándose unos con otros. Mientras tanto, los que estamos despiertos le estamos dando una patada a nuestro pasado para tener una vida digna llena de salud, prosperidad y amor.

*"Todo es un programa, y todo programa se puede desprogramar." — Isabela Owl-Tena*

*CAPÍTULO 5*

# CÓMO ALIMENTAR LA MENTE Y EL CORAZÓN

Los seres humanos nos regimos por siete de las principales Leyes Universales, estas son: ley del mentalismo, ley de correspondencia, ley de vibración, ley de causa y efecto, ley de ritmo, ley de polaridad, y ley de generación. Estas se presentan de diferentes maneras, y te muestran como espejos a personas con situaciones similares a las tuyas para darte cuenta de lo que tienes que sanar. Nosotros no somos más que el resultado de un pasado, llámese padres o experiencias de vida. Por ejemplo, lo que nos pasa en la escuela, las situaciones externas de una sociedad y lo que vamos experimentando desde el vientre de la madre hasta la etapa actual.

En este preciso momento, tal vez tú estés cuestionándote sobre tu vida, tu historia y lo que es más lógico, tal vez te preguntes por qué estás leyendo este texto. Te confieso algo, yo también hice lo mismo cuando comencé a adentrarme en el mundo de la Hipnoterapia, un día llegué como alumna a la escuela y comencé con una sed de saber, y de investigar. Yo me leía todo libro que recomendaban, me dio por volverme obsesiva en el estudio e investigación, hasta que me certifiqué en varios temas holísticos, cursos por todos lados, e incluso los que estaban de moda como el Entretenimiento Espiritual. Por haber estado metida en tantas cosas a la vez, no puse atención a todo lo que la maestra decía en clases, porque mi tendencia era perderme en mis pensamientos e imaginarme lo que me decían, no el estar presente y entender con el cerebro y corazón, que es lo mismo que sentir y pensar.

Una vez que llegamos a la práctica con clientes de la vida real, en el tercer nivel de Hipnoterapia, fue cuando entendí que la ley del espejo te va a poner todo aquello a lo que tienes miedo ver en ti. En mi caso, llegó a mi consultorio gente con depresión y yo tenía un poco todavía depresión clínica y me decían, "No me gusta mi trabajo," "Trabajo solo porque tengo que mantener a mi familia," "No me llevo bien con mi papá," "Me siento resentida con mi mamá," "No me puedo enamorar porque tengo miedo de que me lastimen." Al escucharlos me dije a mi misma, ¡Santo Dios, estos son mis espejos!

Realmente la Hipnoterapia cambia a las personas cuando hay coherencia y a eso le llamo alinear mente y corazón. Casi todo viene de nuestra infancia, ¿Qué resolverías en tu vida al estudiar Hipnoterapia? Todos tenemos los siguientes puntos que nos causan problemas en muchos ámbitos de nuestra vida, que nos hacen una programación mental, nos congelan emociones tóxicas, nos hacen repetir patrones destructivos, y todo esto viene de los siguientes puntos:

- Memorias ancestrales de tus vidas pasadas o las de tus ancestros.
- Espacios entre vidas (preparando el plan de tu alma).
- El momento de concepción.
- El tiempo de gestación dentro del vientre de mamá.
- El momento de nacer (la forma, el ambiente, las circunstancias, etc.)
- Tu infancia.
- Tu adolescencia
- Tus experiencias de vida que has recolectado y guardado hasta el día de hoy que me lees.

Cuando se aplica en la vida diaria lo que se aprende a la Hipnoterapia si funciona, yo por ejemplo cuando empecé a estudiar hipnoterapia como comenté fue por un diagnóstico de depresión clínica. Desde el primer día que mis clases de Hipnoterapia comenzaron, aprendí que mi diagnóstico tenía que ver con memorias ancestrales, experiencias de infancia, lo que sucedió en el vientre de mi mamá y comprendí que las Leyes Universales aplicaban a mi vida. Cuando fui certificándome y comencé a ayudar a las personas en consulta, yo no había trabajado de raíz y de corazón mi sanación con la Hipnoterapia, y mis clientes comenzaron a ser un espejo de todas mis sombras.

No sabía qué hacer si llorar con ellos o cerrar el consultorio y dedicarme a otra cosa. Ya no podía más, tenía mi vida entera enfrente de mí. Pedí una cita urgente con la directora de la escuela, que en ese momento era Josie Hadley, y le conté muy angustiada lo que me sucedía, ella me vio, se río y me preguntó, "¿Qué has hecho con los audios que se te dan?, ¿Te has hecho tus propios audios de Hipnoterapia?, ¿Te has hecho la sanación del niño interior?, ¿Has trabajado en terapia con tus compañeras, o te pones a platicar en los salones?" ¡Hay no! Yo quería llorar y me sentía una mala persona, una mala estudiante, me sentía regañada... pero yo para víctima jamás, primero saco la frente en alto, y acepto mis errores, porque si algo he tenido es que acepto, y tomo responsabilidad de mis actos. Yo no soy como las personas que se sienten víctimas toda la vida y van culpando a los demás.

Después de unos segundos, la miré y le dije, "Tengo mi trabajo en el hotel aún y me siento agotada, odio ese trabajo, aunque me da el dinero para estar pagando mis carreras, pero no me gusta, siento que voy a explotar de tanto abuso emocional, físico, y económico." Yo la pasaba leyendo como cinco libros a la vez porque estaba sedienta de información y todo me parecía interesante. En ese momento yo estaba inscrita a dos cursos más, pero veía que todo me regresaba a la mente, hasta los cursos de energía. Veía que allí no era, porque yo necesitaba saber, entender, y procesar.

Ella me miró fijamente y me dijo, "Te felicito por ser tan valiente de reconocer tus errores, ahora solo falta que te organices y decidas el enfoque que deseas, en donde tu corazón te llama, dónde está lo básico, la esencia y la raíz." Yo sentí mucha paz, sentí que una carga se me liberó de mi espalda y le dije, "Tienes razón y gracias por escucharme, tomaré medidas y me aplicaré."

Cuando llegué a mi casa, saqué mi agenda y pizarra, llamé a mis clientes que miraba los lunes y los miércoles en la mañana y les dije que saldría por dos semanas, pero que les mandaba audios mientras regresaba. Luego hablé con mi exjefe y di el salto cuántico, le dije que me pasaba a tiempo medio y que no podía trabajar 40 horas a la semana, que lo máximo que podía trabajar eran 30 horas. También hablé con mi maestra de Terapias Energéticas y con otra del curso de Constelaciones Familiares y les dije que suspendía el curso, que tenía que enfocarme en lo que yo sentía, que tenía que trabajar en mí, les agradecí por el tiempo y el conocimiento, pero tenía que tomar un tiempo para amarme y sanar muchas cosas. Esas dos semanas fueron maratónicas, me hice audios, me preparé mis propias sesiones de Hipnoterapia, y las escuchaba dos veces al día.

El resultado fue que a los meses ya no necesitaba el trabajo del hotel porque mi consultorio de Hipnoterapia lo tenía lleno. Ya tenía lista de espera, hasta daba talleres los fines de semana, y tenía suficientes ingresos para saldar mis deudas. Me convertí en la dueña de mi horario y de mi vida. Entonces ya tenía días libres para pasarla con mi hija, y en ese momento me invitaron a ser la instructora de la escuela de Hipnoterapia de Palo Alto, de la cual aún trabajo. Ahora ya no solo soy una instructora, también soy la directora del programa completo de español que consta de 300 horas. Hoy en día, he certificado a muchísimas personas dentro y fuera de Estados Unidos, ya que ahora el programa tiene un gran éxito internacional por medio de la plataforma de telecomunicación Zoom.

En este momento tú también estás comprendiendo que cuando se eliminan los programas negativos de la mente, la vida comienza a cambiar y así como yo, tú también puedes empezar a experimentar cambios positivos rápidamente, y ser el arquitecto de tu presente y tu futuro. Té invitó a estudiar la Hipnoterapia y ser un agente de cambio para tu familia (si la tienes), la sociedad, y así conectar tu mente y tu corazón.

Mi mensaje en este capítulo es que no hay culpables y es momento que te hagas responsable de tu vida. Tienes que dejar de buscar fantasmas donde no los hay porque todo lo que te ha pasado hasta el día de hoy es perfecto para un plan de evolución que tú escogiste desde antes de nacer. Todo evoluciona, los elementos, la vida, el mundo, la tecnología, las personas que se superan, el universo, la vida en sí, mientras tú estás allí sentado leyéndome sin saber cómo desenredar el ocho que tienes en tu vida ¡Despierta ya!

*"Todo es un programa, y todo programa se puede desprogramar."* — *Isabela Owl-Tena*

*CAPÍTULO 6*

# POR DONDE EMPIEZO A ESTUDIAR

Lo que más me apasiona de practicar la Hipnoterapia es poder despertar las mentes maestras de cada uno de ustedes, incluyendo la mía, el darme cuenta de que nuestro pasado no nos define para mí fue como encontrar el tesoro perdido de la isla. Aún más saber que lo vivo diario en mis consultas, talleres, certificaciones, y retiros. Ha sido muy gratificante ver el rostro de cada persona y escuchar sus testimonios, puedo decir que no fue hasta hace poco que comprendí y reconocí el enorme valor tan grande que hacemos los hipnoterapeutas en nuestra sociedad. Para cada persona que nos llega a nuestra consulta, somos esa persona en quien ese cliente tiene esperanzas porque usualmente nos escogen ya de último, cuando ya han tratado muchas cosas sin, o con poco éxito. A nosotros los hipnoterapeutas nos han tenido en el abandono y confusión por muchos, pero muchos años, y ya es hora de que el mundo sepa que esto existe y que es una materia profesional, que no somos más ni menos que otros terapeutas de otras ramas. Nosotros nos integramos y colaboramos para que esa persona que está buscando luz pueda sentir que llegó al consultorio correcto, y que se vaya con la ilusión que su vida puede mejorar, y obtener como resultado un cambio positivo no solamente para él, sino para su descendencia.

Como ya lo he mencionado antes, todo en nuestra vida es un programa mental y todo en ella se puede desprogramar. Para mostrarte como hacerlo, podemos comenzar con el siguiente ejercicio:

¿Qué te estresa?

_____

¿En qué parte del cuerpo sientes ese estrés?

_____

¿Qué emoción te causa?

¿Por cuanto tiempo has sentido estos síntomas?

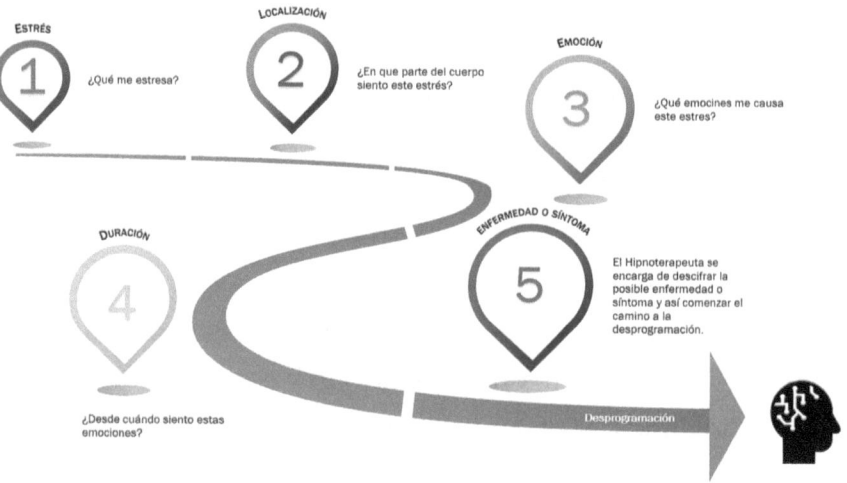

*Ilustración 6.1* Los cinco pasos de la primera fase del proceso de desprogramación.

Durante las clases de Hipnoterapia es fundamental aprender los procesos y aplicarlos de primera mano para emplearlos de forma correcta a los clientes cuando ya se está ejerciendo la Hipnoterapia de manera profesional. Una vez que los clientes llegan a mi consultorio, yo les doy un cuestionario donde se les hacen cuatro preguntas sobre lo que les estresa, con este sondeo comienzan a tomar conciencia de la raíz de sus problemas, ya sea de síntomas, o enfermedades que generan estrés. Usualmente, piensan que es eso lo que los tiene estancados, pero en realidad no es así, eso es

| | ¿Qué me estresa? | ¿En dónde lo sintió? | ¿Qué emoción? | ¿Desde cuándo? | Posible enfermedad o síntoma |
|---|---|---|---|---|---|
| | **PRIMER PROTOCOLO PARA ENCONTRAR LA RAÍZ DEL ESTRÉS** | | | | |
| Caso 1 | Los problemas con mi esposo por dinero | En mi estómago, hombros y garganta | Rabia y angustia | 2 años | Gastritis, colitis, inflamación, estreñimiento, problemas de tiroides, tensión. |
| Caso 2 | La acumulación de trabajo que no termino y tengo poca ayuda | En mi espalda y mis caderas | Rabia e impotencia | 1 año | Dolor en la cervicales, dolor de caderas, y zona lumbar. |
| Caso 3 | Los problemas con mis hijos | En mi cuello y mi estómago | Rabia y decepción | 3 años | Estreñimiento, dolor de cabeza, problema en el cuello. |
| Caso 4 | Problemas con mi Madre | En mi cuello y garganta. | Rabia | 20 años | Problemas de tiroides, sobre peso, ansiedad, indecisiones. |
| Caso 5 | No me alcanza el dinero | En mis manos y estómago | Desesperación | 14 años | Artritis, estreñimiento, colitis, problemas e las articulaciones, ansiedad. |
| Caso 6 | Mi enfermedad incurable | En mi estómago y mi pecho | Miedo | 2 años | Ansiedad, incertidumbre, colapso del sistema inmune por miedo a morir. |

*Ilustración 6.2* Ejemplos de seis casos donde se aplicó el primer protocolo para encontrar la raíz del estrés.

el efecto de un programa que se activa por un patrón de supervivencia, más allá de una experiencia vivida que programó la mente subconsciente. Cuando ellos leen el cuestionario por primera vez todo el mundo se me queda viendo como diciendo o dándome entender, "¿Y eso como lo voy a saber?" y para resolver este conflicto les propongo hacer unos ejercicios para que se conecten la mente, el cuerpo, y emociones. Una vez que lo tienen claro, ellos identifican el estrés en el cuerpo.

El siguiente paso es definir que partes del cuerpo han sido afectadas por el estrés y por cuanto tiempo se ha experimentado esta aflicción. Una vez que el cliente termina el cuestionario, el hipnoterapeuta se basa en las respuestas para encontrar la posible enfermedad o síntoma que el estrés está causando. Siempre es impresionante conectar con la parte subconsciente del cliente, ver a través de él, el lenguaje metafórico del cuerpo, la maravillosa forma que este tiene de dejarnos saber que hay algo que no está bien, y que tenemos que prestar atención. Es aquí cuando nos damos cuenta de que hay que detenernos, respirar, y comprender que todo lo que nos pasa es consecuencia de nuestros actos.

El esquema 6.2 muestra algunos ejemplos del primer protocolo para encontrar la raíz del estrés que mis alumnos hacen en clase, y este mismo también se emplea en la primera consulta Hipnoterapeutica del cliente en un ámbito profesional.

> **Caso 1:** la persona me decía en clase la historia que traía de su estrés, dijo, "Me da rabia que mi esposo no me escuche y no me ponga atención cuando hablamos del dinero." Esto le ocasionaba problemas de estómago, hombros, garganta, rabia, y angustia. Se determinó que posiblemente tendría un cuadro de gastritis, colitis, inflamación, estreñimiento, problemas de tiroides, y tensión.
>
> **Caso 2:** La persona manifestó que, no soportaba tanto trabajo y a consecuencia experimentaba problemas de soporte como dolor de espalda, piernas, y caderas. Ya que estas soportan la estructura del cuerpo, por lo

tanto, era claro que tuviera esos problemas de salud. Se determinó que posiblemente tendría una afectación de las vértebras cervicales, dolor de caderas, y zona lumbar.

**Caso 3:** La persona reveló que tenía problemas con sus hijos, dijo "Me cae mal y me enoja cuando mis hijos no me hacen caso, les tengo que decir las cosas miles de veces." Esto le ocasionaba problemas en el cuello, estómago, rabia, y decepción. Se determinó que posiblemente experimentaría estreñimiento, dolor de cabeza, y problemas en el cuello.

**Caso 4:** La persona me decía, "Mi madre es un pain in the neck", en español sería mi madre es un dolor de cuello, "me domina" "Es insoportable, pero la tengo que aguantar porque soy la única hija." Esto le ocasionaba problemas del cuello, garganta, y rabia. Se determinó que posiblemente presentaría un cuadro de problemas de tiroides, sobre peso, ansiedad, e indecisiones.

**Caso 5:** La persona manifestó que el dinero se le iba de las manos, dijo, "Tengo que trabajar duro para conseguir el dinero." Esto le ocasionaba desesperación y se determinó que tal vez experimentaría problemas de artritis, estreñimiento, colitis, problemas de las articulaciones, y ansiedad.

**Caso 6:** La persona reveló que tenía una enfermedad terminal dijo, "Mi enfermedad me preocupa y no veo claro mi futuro." Esto le ocasionaba problemas de estómago, pecho, y miedo. Se determinó que posiblemente presentaría un cuadro de ansiedad, incertidumbre, y colapso del sistema inmune por miedo a morir.

Los mismos pensamientos de cada una de estas personas creaba su realidad, pero más allá era un programa mental que venía de creencias tanto culturales, sociales, familiares, y religiosas. Sin embargo, yo no trabajo creencias, me voy más profundo e investigo La Percepción. Esto marca un momento crucial, aquí es donde la percepción comienza a correr el programa mental que llevó a cada una de las personas a estos destinos difíciles.

Tal vez te estés preguntando cómo se sabe el posible síntoma o enfermedad, te comparto que es simple, pero a la misma vez complejo, ya que esto se desarrolla con la práctica a través de la experiencia y la escucha activa que se tiene con cada cliente. Es simplemente escuchar a la persona como se expresa, e identificar como es el programa mental que lleva instalado en su mente por repetir ese pensamiento e incluso verbalizarlo. Es lógico que la persona se crea su propio destino, aquí se puede ver que se está aplicando la Ley de Causa y Efecto que forma parte de las Leyes Universales por las cuales nos regimos los seres humanos. Al final de este ejercicio, las personas se admiran de cómo han cerrado sus propios síntomas y enfermedades.

Cabe mencionar que también he tenido personas tanto en clases como en consulta que no quisieron aceptar que ellos creaban sus enfermedades y síntomas. Se negaban diciendo cosas como, "Las enfermedades han existido desde siempre," "Yo no tengo por qué cargar con lo de mis ancestros," "Yo me libero el estrés viendo películas," "Yo no creo en esto, mejor tomo medicamentos," o "Necesito pruebas científicas de lo que estás diciendo." Para mí es muy importante resaltar que yo no trato de convencer a nadie de que yo tengo la razón. Entiendo que la Hipnoterapia cause dudas en algunas personas, pero lo que yo hago no es nuevo, ni pertenece a algo de la nueva era, esto se ha usado por cientos de años como una terapia holística con resultados favorables.

Este es solo el inicio para conectar e ir descubriendo patrones a lo largo de la certificación o de las sesiones de Hipnoterapia. Las personas se van dando cuenta y van tomando consciencia que hay algo que los hace, que aguanten todo eso, que resistan, que vivan de esa manera porque su mente los dirige a soportar todo ese estrés. Recordemos que cada persona tiene un plan de alma, que ya viene con un itinerario de todo lo que va a pasar en su vida. Este itinerario solo se cumple si la persona activa su corazón y sabiduría interna para poder conectar con aquello que no se puede comprobar, pero si se puede sentir como las emociones, los pensamientos, y las acciones.

Mientras tanto, yo sigo mi trabajo respetando la opinión de cada persona, respetando su alma y su proceso. Me encuentro cada vez con más pasión por lo que hago, y aún más ahora con este, el primer libro de muchos, siento que a través de él puedo llegar a más personas y ser esa semilla en la cual germines tú. Nadie más que tú, no tu pasado, no tus ancestros, pero si tu descendencia.

*"Todo es un programa, y todo programa se puede desprogramar." — Isabela Owl-Tena*

*CAPÍTULO 7*

# EL MUNDO NECESITA MÁS PERSONAS SANAS Y MÁS HIPNOTERAPEUTAS

Sabemos que hoy en día el sistema de salud mental está en crisis y no provee suficientes servicios para la demanda tan grande que existe en nuestra sociedad. Esta no es la culpa del sistema en un 100%, ya que también muchos de nosotros ignoramos que somos seres holísticos y que nuestra mente genera emociones con la calidad de pensamientos. A su misma vez, las emociones son energía que se pone en movimiento, y provoca una cascada de reacciones en nuestro cuerpo físico que se convierten en síntomas y enfermedades (esto lo hablaré más en el capítulo del dolor y la salud). Por lo tanto, mira alrededor, enfócate en observar cómo está la sociedad que te rodea, tu círculo de amistades, y las personas que se mueven en tu entorno. Tal vez ya te has dado cuenta de que no vivimos en un mundo perfecto, que las personas a nuestro alrededor tienen virtudes, pero también tienen defectos. Hasta este momento yo no he conocido a alguna persona que no haya sufrido alguna herida, trauma, o experiencia negativa que no le haya dejado alguna huella en el alma y en su cuerpo físico.

Todas las personas necesitamos sanar el alma porque somos seres que activamos emociones todo el tiempo, y nosotros emanamos lo que llevamos dentro, tanto las emociones positivas como las negativas. Sin embargo, sacamos a flote las emociones negativas con más frecuencia, porque son más fuertes, y constantemente se nos salen de control. Desgraciadamente, el manejo de las emociones no es un tema que se enseña en casa o en la escuela, pero afortunadamente podemos aprenderlo por medio de la Hipnoterapia. Esta nos enseña a sanar a nivel de corazón (abuso emocional) y a nivel físico (abuso físico).

Primero vamos a definir que es una persona sana, ya que se puede confundir con alguien que carece de una enfermedad.

| CUALIDADES QUE TENGO | CUALIDADES QUE NO TENGO |
|---|---|
| Trabajadora | Prospera |
| Honesta | Sin miedos a los cambios |
| Buena persona | Poder perdonar y voltear la pagina |
| Creativa | Amar sin miedo |
| Aventurera | No temer al futuro |
| Soñadora | Cumplir mis sueños |
| Siempre ayudo a quien lo necesita | Establecer limites |

*Ilustración 7.1* Ejemplo de esquema de cualidades.

| Cualidades que Tengo | Cualidades que no Tengo |
|---|---|
| | |
| | |
| | |
| | |
| | |

Dentro del mundo Holístico hablamos de la palabra Sanar, para referirnos al cuidado de las emociones, y cuando decimos Curar, nos referimos al cuidado de una enfermedad del cuerpo. Cuando sanas, tú cambias de Vibración. Una de las Leyes Universales es Todo Vibra, y de acuerdo con esta ley, tu vibración atraerá todo aquello que vibre a tu misma frecuencia. Es decir, si tu vibración es negativa, atraerás cosas negativas. Las experiencias de vida dejan secuelas en las personas, ya sea a nivel de mente, cuerpo, emociones, y espíritu (Alma). Estas secuelas pueden ser negativas si la persona no gestiona los capítulos negativos de su vida a través de perdonar, sanar, y soltar. Hoy más que nunca es posible aprender a gestionar ciclos traumáticos por medio de técnicas hipnoterapéuticas que se aprenden en clases como alumno, o en terapia como cliente.

Cuando el hipnoterapeuta se enfoca a nivel del cuerpo y el

cliente tiene una enfermedad, nosotros trabajamos de manera integral con el equipo médico del cliente, es decir, ningún hipnoterapeuta que no sea también médico, puede decirte que dejes de tomar la medicina, que abandones el tratamiento médico, o que hagas cambios en tu rutina médica. Ya que la Hipnoterapia no trabaja la enfermedad, nosotros trabajamos el problema de raíz emocional que provoca la enfermedad cuando las emociones no están resueltas.

Cuando comencé mi formación como hipnoterapeuta en el 2007, yo tenía alrededor de 25 años. En ese tiempo yo tenía varios problemas personales que se manifestaban en mi cuerpo a través de síntomas de estreñimiento, fatiga, ansiedad por lo dulce, espinillas en la cara, calambres, dolores en las articulaciones, y además fumaba mucho. En aquella época yo pensaba que todo lo que me pasaba era normal, tenía casi todo, pero a medias, por ejemplo, tenía un trabajo en el que ganaba bien, pero no me llenaba el alma. Me sentía como un robot haciendo lo mismo todos los días. Tenía dos hijos, una viviendo conmigo y el otro en El Salvador esperando el día para traérmelo y eso no me dejaba sentirme en paz, pues tenía mucha culpa como si hubiera sido malo dejarlo por buscar un futuro mejor. También tenía una relación que pensé que era la perfecta, pero esa persona no podría ser completa porque yo tenía que dividirlo con su Mamá, era la típica relación en la cual se le llama síndrome de Edipo, que es la existencia simultánea de sentimientos amorosos y hostiles hacia los padres o cuidadores.

Aunque reconozco que en ese tiempo aún era joven, no encontraba en mí misma las suficientes cualidades para llenar mi lista de valores para decir, "La misión de mi vida en el ámbito profesional es saludable." Con esto me refiero a lista de valores que cada uno tenemos programados desde pequeños, por ejemplo, la honestidad, competencia, respeto, y crecimiento. Todo esto mi trabajo antiguo no me lo daba y por eso me sentía vacía.

Te sugiero el siguiente ejercicio para encontrar tu lista de valores para que te des una idea de los programas que te faltan y que podrías programártelos con la Hipnoterapia. En la columna izquierda escribe las cualidades que tienes, talentos, y habilidades. En la columna derecha escribe las cualidades que no tienes y que te gustaría tener. Te confieso que este ejercicio se me hizo difícil la primera vez que lo practiqué, si a ti también se te hace difícil, puedes preguntarles a tus compañeros de trabajo, o a tus seres queridos que te digan con sinceridad las cosas buenas que ven en ti.

En mi curso de Hipnoterapia no solamente aprendí a reconocer las secuelas negativas en mis clientes, sino que pude reconocer lo mal que yo estaba, y adopté las medidas necesarias para mi proceso de sanación. Al practicar este ejercicio tan revelador Muchas personas que han pasado por mis clases y por mi consulta, se preguntan por qué se les hace tan difícil hacer la lista de sus cualidades. Aquí es donde se dan cuenta de que se están encontrando de frente con los programas mentales que fueron instalados en su mente subconsciente, mediante experiencias pasadas que causaron una percepción, trauma físico, trauma emocional, o simplemente están siguiendo lealtades familiares por haber visto, escuchado, o sentido la misma historia.

Tenemos que reconocer que es importante invertir en nuestra salud mental para dejar de repetir ciclos negativos que nos causan problemas de salud crónicos. Las emociones literales se congelan, se estancan y provocan síntomas que tarde o temprano se convierten en enfermedades, y como decía Hipócrates, quien fue el padre de la medicina, "Es más fácil saber qué tipo de persona tiene una enfermedad, que saber qué enfermedad tiene una persona." Pareciera que hoy hacemos todo al revés, solo nos enfocamos en la enfermedad, pero no se investiga que emociones no resueltas la están causando. La mayoría de la gente no sabe esta información y viven creyendo que es parte de la rutina vivir con cargas emocionales a cuestas. Ya es tiempo de que gestiones ciclos traumáticos, y aprendas las técnicas necesarias para cambiar tu vida, o mejor aún, ayuda a cambiar la vida de alguien.

Te invito a que aprendas y te certifiques como hipnoterapeuta profesional, ya sea para sanar a nivel personal, a tu descendencia si la tienes, o para ayudar a los demás y que seas un agente de cambio en tu comunidad. Realiza una de las labores más gratificantes, como lo es el ayudar a un ser humano a ver la luz dentro del túnel. Tú ya posees todas las cualidades necesarias para lograrlo y además puedes ganarte el sustento al mismo tiempo que ayudas a otras personas.

*"Todo es un programa, y todo programa se puede desprogramar." — Isabela Owl-Tena*

*CAPÍTULO 8*

# COMO SER UN HIPNOTERAPEUTA CON ÉXITO

Ya conoces un poco mi historia y aunque profundizo más en mis clases o en algunas entrevistas, a continuación, contaré cómo fue que llegué a consolidar mi consultorio. Un día, mientras cruzaba el tercer nivel de Hipnoterapia llamado Hipnoterapia Clínica, tuve un caso difícil de un señor que no sabía ser estable en una relación sentimental y tenía tendencias a ser infiel. En este nivel teníamos que darles cinco sesiones de Hipnoterapia a clientes reales que llegaban a la escuela por medio de un programa de voluntariado.

Precisamente, esta persona había llegado acompañado por su amante, quien también era atendida en otra oficina por un compañero de clases. Debido a que era un caso complejo y que yo carecía de experiencia, en ese momento entré en pánico y no supe cómo ayudarlo. Yo trataba de recordar lo que había aprendido hasta ese momento, pero por mi cabeza solo me cruzaban por la mente pensamientos de auto sabotaje que me hacían dudar de mi conocimiento. Sin embargo, a pesar del bombardeo mental, algo dentro de mí me decía que yo era capaz de lograrlo, así que me visualicé como una hipnoterapeuta exitosa, confié en mí y acepté el reto.

En ese tiempo yo trabajaba en un hotel y recibía un buen sueldo, pero mi autoestima estaba muy baja. Constantemente dudaba de mis habilidades y me aterraba la idea de no ser capaz de ayudar a mis clientes con mis terapias. A través del tiempo he visto que este mismo patrón de sabotaje se repite en mis alumnos. Sin importar que muchos posean un gran talento para ayudar a los demás, algunos de ellos nunca concretan en abrir un consultorio. La razón es que sus sabotajes son más fuertes que ellos, si supieran lo contraproducente que es decir Haré y no tomar acción, porque el universo está constantemente sintiéndonos y escuchándonos.

No es bueno no realizar tus deseos más profundos después de haberlos visualizado y más aún cuando se te da el acceso a una información como esta y no se utiliza para ayudar a la comunidad.

En mi caso yo pude seguir adelante porque me aplicaba los audios que aprendí hacer en el primer nivel de Hipnoterapia 101, es decir, mis propias sesiones de auto Hipnoterapia. Me hice un audio para liberar los miedos al éxito y a los cambios porque me daba miedo lo desconocido. Sin saber que este tipo de miedo es normal porque a nadie le gusta lo desconocido, para todos es difícil salir de la zona de confort. También me hice un audio para incrementar la creatividad, porque no sabía cómo lo lograría, solo sentía que lo debía de hacer, pero no tenía la estructura. Hice otro audio de reducción de estrés porque me daba ansiedad cada vez que llegaba el día de ver a mi voluntario y sabía que mi graduación y certificación dependía de su mejoramiento.

Otro día se me ocurrió hacer un audio de autoestima para quitarme las etiquetas que me colocaron de niña, ya que fui una mala estudiante. Más lo que no sabían mis papás era que yo fui depresiva y ansiosa por los problemas y la inestabilidad que vivía al vivir en dos casas y al no tener a mis papás cerca, porque viajaban todo el tiempo. Esas frases negativas que usaban los adultos para referirse a mí por ser tonta y las comparaciones con mi prima porque ella, si era más inteligente, me mantenían anclada al suelo, con miedo a caminar hacia adelante. Necesitaba urgente un audio de esos para creer en mí. Y por último hice, un audio de motivación porque necesitaba dejar ir el trabajo en la industria de la hotelería y dejar el apego a mi cheque que era bastante bueno y además era seguro. Me aterraba el tener que dejarlo ir, y cambiarlo por el sueño de tener mi negocio propio, además todavía tenía que ver cómo lo construía y eso me causaba ansiedad.

Hoy agradezco que no me dejé intimidar por mis propios miedos, sino al contrario, decidí hacerme ese coctel de audios y los escuchaba uno por semana dos veces al día. Me desprogramé los traumas de mi niñez y me tomó varias semanas para reprogramarme. Una vez que adopté medidas para cambiar mi situación, activé la ley universal de Causa y Efecto. Empecé a confiar en mí, a sentir una sensación de que todo estaba bien, es que lo tenía claro y me veía en un consultorio lindo, lleno con gente, dictando talleres en grupos, dando charlas, y de solo pensarlo mi corazón se aceleraba. Tiempo después pasó lo inevitable, el universo sintió mi cambio y me alineé con mi propósito.

Una tarde llego un exalumno de mi generación anterior a invitarnos a ser parte de un centro en la ciudad de South San Francisco que habían abierto, entre otros, hipnoterapeutas. Yo en ese tiempo vivía en San Bruno y el centro se encontraba a siete minutos de mi casa, tal como lo quería porque ya estaba cansada de manejar aproximadamente tres horas diarias para ir a trabajar en el hotel. Cuando escuché la propuesta, no lo dudé, levanté la mano, y entusiasmadamente dije, "Yo." Al principio no fue nada fácil, comencé a rentar ese espacio sin ningún cliente y solo podía ejercer la Hipnoterapia los lunes, porque eran los días que descansaba en el hotel. Por algún tiempo tuve que desempeñar los dos trabajos sin descuidar mi responsabilidad de madre. Yo dejaba a mi hija en la guardería unos días y otros días se quedaba con su papá. Mientras tanto, yo me metía en la oficina y aunque todavía no tenía clientes, yo seguía con mi formación, solo que esta vez como una mujer con su negocio propio. Escribía inducciones hipnoterapeuticas, escuchaba mis audios, y leía mucho. Así fue como llegué al libro El Secreto de Rhonda Byrne, en dónde decía que uno tiene que imaginar y pasar a la acción, es decir, uno tiene que visualizar lo que se quiere obtener, y actuar como si ya se tiene. Yo así lo hice, visualicé una oficina llena de clientes y seguí trabajando con la misma energía.

Mi consultorio era lindo, se llamaba Hipnoterapia Familiar, el centro tenía dos cubículos que compartíamos entre cinco hipnoterapeutas, y estaba decorado con un estilo minimalista que iba bien con el ambiente terapéutico que me gustaba. Aunque no tenía idea de cómo darme a conocer, yo insistía con amistades, compañeros del hotel, y mi familia, pero me decían que ni locos me servían para practicar, que eso era del diablo, y que yo solo perdía mi tiempo. Todos esos comentarios ya no me importaban porque yo ya me había desprogramado de los sabotajes, estaba decidida, fuerte en mi futuro profesional, y yo solo seguí mis sueños. A mí no me importaba los sobrenombres ofensivos que me ponían a mis espaldas porque ya estaba el llamado dentro de mi corazón. A la distancia podía darme cuenta de que su negatividad los bloqueaba para desarrollar sus talentos, les asustaba salir de su zona de confort, y el miedo de perder su cheque quincenal era tan fuerte que despreciaban la ayuda que yo les ofrecía.

Mientras tanto, mi vida laboral dio un giro positivo, a pesar de las críticas de mis seres queridos. Mis compañeros del consultorio y yo teníamos un acuerdo, cuando alguien llegaba sin cita previa, automáticamente se convertía en el cliente de quien abriera la puerta. Fue así como llegó Silvia, mi primer cliente, quien tenía un piso entero rentado en el piso de arriba en donde era directora de Mary Kay Cosmetics. Ella bajó a preguntar cómo la Hipnoterapia podía ayudarles a sus chicas porque estaba estresada en sacar el grupo adelante y le dije que, por supuesto, le daba la información. Yo empecé por explicarle que es la Hipnoterapia, como funciona, y para qué sirve. Luego le comenté que podía darles una charla a sus chicas un sábado para ver si conectaban con la información. Después de esa charla, ellas tuvieron un cambio positivo en sus vidas y me contrataron para otros eventos.

Después de haber pasado meses sin poder conseguir clientes, este grupo de chicas me recomendaron con otro grupo más grande. Comencé ofreciéndoles un programa de cinco sábados en terapia grupal que fue un éxito. Después fui invitada para hablar de la Hipnoterapia en una conferencia con más de 2,000 mujeres, me acuerdo haberme subido a ese escenario con pánico y hablé de mis conocimientos y de lo que me inspiraba. No me acuerdo exactamente lo que dije, pero mi trabajo las inspiró tanto, que cuando me bajé muchas se me acercaron a pedirme mi número de celular para hacer citas privadas.

Así comencé mi práctica exitosa que tengo hasta hoy en día, y te lo cuento para que tú lo hagas también. Yo solamente seguí la primera fórmula de tres, estudié, me sané, lo apliqué en mí, y me dio resultados porque atraje a mi vida lo que yo creía y sentía de mí. Me aventé a la aventura sin miedos porque ya me había desprogramado, y de allí solo he experimentado éxito tras éxito. Estuve en entrevistas por dos años en Univisión 14 de San Francisco, California, con Eddie Alvarado, quien era el productor del programa matutino Al Despertar, él confió en mí y me dio la oportunidad de exponer diferentes temas, no solo de la Hipnoterapia. También hablé de otros temas como, la importancia de la Hipnoterapia en el parto, el masaje infantil, aromaterapia, terapia de vidas pasadas, y la descodificación de los sueños con Hipnoterapia, por mencionar algunos. Tuve mis programas de radio comenzando en La Internacional en San José, California, y luego en *La Grande 1010 y 990 AM* en San Francisco. Estuve en la radio por siete años sin necesidad de un patrocinador, porque para ese tiempo mis consultas ya estaban llenas, y hacía talleres y retiros con grandes grupos de personas.

Cuando liberas emociones tóxicas, cambias de pensamientos, patrones, creencias, y te comienzas a reconstruir, la magia sucede y solo ocurre gracias a que logras tener claridad, enfoque y disciplina. Te invito que comiences a creer que la vida que tienes hoy puede ser mejorada, y no importa si tu visión a futuro es personal, emocional o profesional. Sí se puede.

*"Todo es un programa, y todo programa se puede desprogramar." — Isabela Owl-Tena*

*CAPÍTULO 9*

# SANAR LA RELACIÓN CON EL DINERO

Dentro del trabajo de los terapeutas holísticos hay un mito grande acerca del dinero que viene de algunas creencias sociales, familiares y religiosas. Por ejemplo, estas personas usan argumentos como, "El dinero es sucio," "es malo," "Hace a la gente mala," "Se mata por el dinero," "Trae problemas," "Los ricos no entrarán al cielo de Dios," "Es mejor ser pobre que honrado," —y la lista es larga. Hasta ahora no conozco a nadie que le haya salido todo bien teniendo esos programas mentales. En mis clases lo exploramos a profundidad y siempre trae muchas emociones cuando las personas se dan cuenta en la trampa mental que han vivido y que no les ha permitido tener la vida de calidad que se merecen, y por consecuencia darle una vida a mejor a sus hijos. Piensan que trabajando duro es la forma de hacer dinero, pero descuidan lo más importante que es la familia porque tienen miedo de que sus hijos pasen por lo que ellos pasaron y es uno de los errores que se pagan caros por todas las consecuencias negativas que eso trae.

El dinero es uno de los temas más emocionales que he tocado en terapia, porque la mayoría de nuestras decisiones está basada en nuestro presupuesto. Ponte a pensar cuantas veces tienes que voltear a ver tu cartera todos los días para cada decisión, y las veces que tienes que recurrir a otras alternativas porque no tienes suficiente dinero para comprar lo que deseas. Desde ahí se comienzan a tener actitudes, comportamientos, emociones, y patrones que te definen con ciertos arquetipos del dinero con el cual te relacionas con el mundo.

Los inmigrantes que nos hemos establecido en Estados Unidos, en su mayoría, vamos cargando con traumas y experiencias de carencias económicas. A muchos de nosotros nos han dicho que venimos de países de tercer mundo, lo cual no es verdad en un 100%, yo he viajado por muchos países en Latinoamérica y he visto la abundancia en recursos naturales, y de gente talentosa, pero lo más importante es lo millonario que somos en recursos naturales y todo lo que podemos hacer con ello. Muchas personas no saben cómo cobrar su valor, incluyendo el artesano que permite que le regateen el precio de sus productos aun cuando se ha tardado meses en hacer una obra única e irrepetible. Ellos no se valoran por lo que saben precisamente, por qué no tienen una relación sana con el dinero por cuestión de experiencias propias de vida y creencias sociales, incluso hay terapeutas que ofrecen servicios extras, o varias terapias en una porque no se siente merecedores de tener un sueldo digno. Yo siempre digo, "Uno atrae lo que piensa y lo que siente" Y cuando traemos programadas creencias sociales como, "Aquí la gente no paga, si no le das varias cosas extras," atraemos carencia a nuestra vida porque activamos las Leyes Universales de Causa y Efecto, Ley de Vibración, y la Ley de Compensación.

Para sanar mi mala relación con el dinero yo utilicé los arquetipos que nos representan y que todos llevamos dentro, ya que se nos han formado basándose en experiencias, personalidades, pensamientos, y acciones que tomamos con el dinero. Un arquetipo es un ideal que representa algo para todas las personas. Según la filosofía de Platón a través de ellos se expresan las formas sustanciales de las cosas que existen eternamente en el pensamiento divino. Alternativamente, pueden entenderse como un marco funcional que cambia en respuesta a los actos de un individuo, un grupo o la sociedad entera, creando una secuencia de reacciones automáticas de forma continua. Por ejemplo, la luna, el sol, la estatua de la Libertad, los animales, flores, árboles, etc. Carl Jung un famoso psicoterapeuta, nos dejó un maravilloso legado de los arquetipos que nos rigen, entre ellos están por ejemplo los arquetipos del tarot, el Tirano, el Loco, la Muerte, la Torre, el Mago, el Guerrero, y el Rey. Yo empecé mi proceso de sanación reconociendo mis patrones, actitudes y mis programas de la infancia. En mi caso yo tenía los arquetipos del Guerrero, la Muerte y un poco del Loco porque había tendencias adictivas a comprar cosas que no necesitaba y solo las adquiría porque estaban en rebaja.

En la vida cotidiana todos adoptamos los arquetipos y a continuación, te presento unos ejemplos de arquetipos para que veas cuál eres tú o con cuál te identificas. Ahora vas a entender más del porqué te pasa lo que te pasa con tus finanzas, ya que tienes un arquetipo plasmado en tu mente subconsciente el cual no te trae beneficios.

>**El Loco**: es la persona que cuando recibe dinero sale como loco a gastárselo y no hizo los cálculos ni pensó en sus responsabilidades y después se pregunta cosas como, "¿En qué me gasté el dinero?" y "¿Ahora qué voy a hacer?" Después termina pidiendo dinero prestado y debiendo, haciendo más rico a los de las tarjetas de crédito o causando problemas a quien le prestó, porque eso nunca termina bien. Imagínate que es un Loco que no pensó usando sus cinco sentidos y raciocinio para pensar, pero puede más el programa mental que la razón y eso se debe que quizá en la infancia tuvo carencia y ahora que tiene quiere tener todo lo que ve. Puede ser que él tenga estrés y esa sea la forma de balancear el cortisol con la adrenalina y dopamina, que son los químicos cerebrales de los cuales hablaré más en los siguientes capítulos.

**El Guerrero:** el cual se la pasa guerreando en dos trabajos y a veces hasta en tres, vende una cosa y vende otra y ayuda a quien puede. A este no le importa y no tiene ni autoestima porque mientras tenga fuerza y energía lo hará así, pero cuando el cuerpo le colapse le saldrá carísimo y comprenderá que la vida no solo es trabajo. A este le pasa eso porque sus creencias así son, "Trabajando duro es como se tiene el dinero," así lo escuchó o lo vio en su familia, más no sabe que existe tecnología que enseña hacerlo de manera diferente, quizá nunca descubra que tiene talentos maravillosos y que nunca los pondrá al servicio. Esta persona vive luchando por el dinero, con la esperanza de ser millonario, pero con muchos dolores del cuerpo y achaques de la edad, muchos no logran ser millonarios porque se enferman y se mueren y jamás disfrutan lo que hicieron, y en ocasiones otros lo disfrutan.

**La Muerte:** El que trabaja para sus vicios y adicciones nocivas y como dicen, está acabando su propia tumba. El que trabaja duro y el fin de semana le echa al cuerpo comida chatarra y alcohol.

**El Mago:** Aquel que se sanó, que sabe lo que quiere, para donde va, cree en él, confía en el universo, reconoce su valor, por lo tanto, no permite que le regateen el precio de su producto o servicio, sabe el balance de lo que tiene, lo que gana, lo que tiene que pagar y lo que ahorra, tiene claro su futuro, busca oportunidades para mejorar, es abierto al flujo de la abundancia, es generoso, y respeta el trabajo de los demás, por lo tanto, tampoco regatea, toma tiempo para divertirse porque no todo es trabajo.

En mi caso yo tenía actitudes, emociones y patrones que me encerraban en varios arquetipos, por ejemplo, era guerrera porque trabajaba en dos trabajos para poder según yo mantenerme y mantener a mis hijos, ya que siempre me tocó a mí la parte económica y a pesar de que ganaba bien nunca me alcanzaba. Yo vivía con ansiedad y dolores en el cuerpo que me hacía gastar en masajes, acupuntura, quiropráctico, y médicos porque sufría de estreñimiento por el estrés que no comía bien y no dormía bien. Todo eso me salía super caro al mes y al año ni hablar. Tenía también el arquetipo del artista porque tenía talentos, podía trabajar en cosas nuevas y aprendía rápido hasta para entender otros idiomas, era muy hábil en aprender y escalar de puestos dentro del mismo trabajo, pero no me daba mi valor. Cuando hice mi proceso de sanar mi relación con el dinero, escribí una carta contacto de cómo había sido mi historia con el dinero, recordando los momentos más cruciales en los seres humanos, fechas importantes como Navidad, Año Nuevo, Cumpleaños, y día del Amor y Amistad, entre otros. Me di cuenta de que esas fechas habían marcado muchas emociones y patrones en mí. Estas me programaron y sufrí las consecuencias en la etapa adulta, por ejemplo: una Navidad yo quería una bicicleta, para ese entonces mi mamá y mi abuela paterna siempre me compraban todo lo que quería, pero en el año 1988 no sé qué pasó que no alcanzó. Ellas no pudieron comprarme la bicicleta, pero me dieron una pelota de básquetbol, cuando yo llegue al árbol y no vi la caja grande, pensé, "No me porte bien," y aunque mi mamá me explicó que no le alcanzó el dinero, yo no lo comprendí y me fui a llorar al cuarto y me hice una promesa, "Cuando esté grande me voy a comprar todo lo que quiera," y así fue.

Yo era impulsiva con comprar perfumes, ropa, zapatos, y joyas, y cuando a mis 24 años hice conciencia de mis hábitos, ya tenía nueve tarjetas al límite y no pude pagarlas. Cuando hice mi carta relatando mis eventos me di cuenta como eso me había programado mentalmente y afectaba mi relación con el dinero, sin contar los demás eventos que me pasaron y que comento más a detalle en un taller que se desarrolla con mi marca de Mundo Holístico USA llamado Dinero Fluye. Cuando reconocí esas emociones, las sané y me desprogramé con Hipnoterapia, fue así como cambié sin darme cuenta las actitudes, emociones, ansiedad, y pensamientos. Desde entonces las puertas de la abundancia se abrieron más, me hice más responsable, comencé a atraer experiencias maravillosas y sobre todo encontré mi misión de vida laboral. Mi gran pasión es enseñar a otros en mis clases, terapias, talleres, y charlas, yo lo hago con amor porque me gusta transformar vidas.

Nosotros podemos darnos cuenta de la importancia de conocernos a nosotros mismos, es esencial saber quiénes somos y esto consiste en poner atención con lo que piensas, dices y haces, ya que muchas personas viven con incoherencias en sus vidas. Todos queremos más dinero y ser ricos, pero no les gusta pagar lo que deben, quieren las cosas gratis, le echan la culpa al dinero diciendo que es malo, no cuidan su salud y son irresponsables comiendo mal por ahorrar dinero. Sé que muchas veces es porque no tienen realidad, pero es porque no usan un sentido común o no saben cómo hacerlo porque no conocen la información necesaria. Con mi libro pretendo que llegue a miles de personas para que despierten su consciencia y vean más allá de sus límites físicos y vean lo ilimitado que es usar la mente, la imaginación y eso es gratis porque ya lo tenemos dentro de cada uno de nosotros. Muchas personas pasan toda la vida pensando que las respuestas están afuera, pero no se dan cuenta que estas respuestas se encuentran dentro de cada uno de nosotros. Como dijo el famoso médico psiquiatra, psicólogo y ensayista suizo Carl Jung,

*"Quien mira hacia adentro despierta, quien mira hacia afuera sueña."*

*CAPÍTULO 10*

# EL ÉXITO LLEGA APLICANDO TRES INGREDIENTES IMPORTANTES

Quizá tu enfoque sea estudiar Hipnoterapia para tu sanación personal y no para hacer un servicio a los demás, y está bien porque en mis clases así es, tengo alumnos que por lo general estudian para sanar ellos y ayudar a su familia. Cuando sanas puedes encontrar la misión de tu vida a nivel profesional, tengo alumnos que después de tomar esta certificación mejoraron económicamente y sanaron la relación matrimonial. Todos los alumnos que estudian Hipnoterapia se enfocan en uno de los varios temas que se aprenden en el primer nivel, ellos los aplican en sus vidas, y obtienen resultados positivos. Muchas veces se aprende mejor cuando basamos la información en historias reales es por eso que a través del libro se usan testimonios míos y de mis alumnos cuando hablamos de algunos de los temas que se estudian en la certificación de Hipnoterapia como son, el sanar dolores físicos, dolores emocionales, liberarse de miedos, y fobias. Es posible encontrar el éxito económico a través de la Hipnoterapia, no solo porque se vive mejor emocionalmente, sino porque una vez que los alumnos sanan su relación con el dinero practican la Hipnoterapia como profesión.

Las personas sanas son ejemplos de vida, como maestra nada habla mejor de mi trabajo como los testimonios reales de mis que lograron sanar. Cuando las personas les preguntan cómo lo lograron y ellos contestan que su cambio se debió a la Hipnoterapia, esto incita a que más personas lleguen a mis a clases buscando los mismos resultados. Muchos de mis alumnos, encontraron durante la certificación de la Hipnoterapia su carrera profesional, perdonaron a los que hicieron daño, se sanaron de síntomas y enfermedades, bajaron de peso, y se volvieron más activos físicamente haciendo ejercicios, entre otras cosas más. Ahora ellos estudian lo que sanaron porque mejoraron la retención de memoria, otras alumnas incluso lograron quedar embarazadas aun después de que la ciencia les decía que no podrían ser madres por diferentes razones. Si duda alguna, la Hipnoterapia transforma vidas todo es cuestión de abrirle paso al conocimiento y desarrollar una carrera profesional dentro de este mundo maravilloso que es la mente.

Ahora quiero comenzar a explicar paso a paso cómo se llega a ser un hipnoterapeuta profesional exitoso. Comencemos por decir que todo éxito laboral y empresarial sucede una vez aceptamos que somos merecedores del éxito. Muchas veces nuestros propios miedos nos cierran la puerta hacia la superación personal. También es muy importante dejar la procrastinación de lado y seguir nuestras metas con diciplina. En el mondo hipnoterapeutico las referencias son el ingrediente esencial que te llevara a establecerte como un Hipnoterapeuta reconocido. Ponte a pensar por un momento, cuando ves a una persona que conoces desde hace mucho tiempo que tiene sobre peso y de repente la vez con una figura más esbelta, tu primer instinto saber la clave de cómo ha logrado. La salud es como un imán que atrae a todo aquel que quiere sentirse saludable. Es por eso que un cliente satisfecho atraerá a más clientes que quieren sentirse de la misma manera.

En mi caso orgullosamente puedo decir que soy una hipnoterpeuta exitosa, que recibo a diario nuevos estudiantes que se reflejaron en las historias de éxito de mis estudiantes graduados y desean comenzar su cambio tomando mis clases. Aunque celebro mi triunfo, tengo que aceptar que mi historia comenzó cuando era una alumna con programas emocionales que me impedían salir adelante. Sin embargo, yo me desprograme deje de tenerle miedo el miedo al éxito, acepte el merecimiento por medio de la relación del dinero, y deje procrastinación que me llevo a la diciplina. A continuación, te explico los tres ingredientes que me sirvieron para ser una hipnoterapeuta con éxito.

**1.** Comienza a desprogramar todo aquello que no te sirve en los temas de todo lo que vemos en la certificación:

A. Lo que te estresa.
B. Los miedos y fobias.
C. La falta de autoestima.
D. Mala relación con la alimentación (Malos hábitos).
E. Algunas adicciones que posiblemente tengas por ejemplo a comprar compulsivamente.
F. Reducir dolor físico y liberar el emocional.
G. Incrementar tu memoria porque todos lo necesitamos.
H. Despertar tus verdaderos talentos.
I. Amar tu cuerpo y comenzar a encontrar lo que te gusta para
ejercitarlo.
J. Recordar algún bloqueo mental, emocional, es decir necesitas terapia regresiva (por cierto, mi próximo libro se tratará de eso).
K. Motivación para seguir adelante ante cualquier adversidad.

**2.** Una vez hagas esto según las áreas que necesitas, sana la relación con el dinero y el merecimiento porque vales mucho y mereces una vida mejor económicamente, yo siempre digo en mis clases que no es lo mismo llorar una depresión en la cama que tener dinero e irlo a llorar a

Hawái, por ejemplo.

**3.** Se el ejemplo que todos quieren seguir manifiesta la sanación que muchos buscan con desesperación. El mundo de la salud mental está colapsado en casi todas partes del mundo, la gente pasa y sea medicada, lo cual no estoy en contra porque la medicina salva vidas y apoya a salir del agujero, pero no es justo que pases toda la vida durmiendo el síntoma ya que el cuerpo es sabio y tarde o temprano buscara otra manera en el cuerpo para manifestarlo.

Yo tenía gente que me conocía, pero no creían en mí o en mi proceso, pero cuando comencé a dar charlas, entrevistas, comenté como fue que sané, y mi historia de éxito como terapeuta holística la gente se conectaba conmigo, ellos querían los mismos resultados. Cuando conté que sane la relación con el dinero y que hacia lo que me apasionaba ganando bien, viajando por todos lados, cuando contaba mi historia de como sane mi digestión de años yendo al médico para que solo me diera laxantes y que por último me mando al psicólogo porque en el fondo sabía que mi problema venía de la cabeza y no de mi estómago. Cuando comenté que dejé de fumar en tres sesiones de Hipnoterapia y una terapia regresiva, cuando supere la fobia hablar en público por el trauma ocasionado por mi maestra de kínder quien me jalaba fuerte las orejas si no decía el silabario bien y de allí venía mi tartamudez, cuando deje la histeria y la superación de la ansiedad por querer todo rápido y eso venía por los problemas de mis padres cuando peleaban quería que se callaran, contaba que se me quito el terror que sentía a viajar en avión por la claustrofobia que venía del trauma del vientre de mi mamá cuando ella salió embarazada de mí siendo muy joven y que pensó en abortarme ese miedo a morir en ese espacio cerrado me quedo en lo más profundo de mi subconsciente y que me tocaba los botones cada vez que el avión comenzaba a moverse sentía literal la muerte aunque mi mente decía que estaba a salvo mi cuerpo no respondía.

Fueron muchas cosas que fui sanando y todo eso fue en un año y medio, mi vida había cambiado mágicamente y fue por mi decisión, esfuerzo, dedicación, enfoque, amor propio que había adquirido con toda la práctica que hacíamos en clase y los audios hipnoterapeuticos que yo me grababa que me ponía todas las noches cuando me dormía.

En mis clases yo explico que cuando te alineas con tu propia energía, todo aquello que tanto quieres comienza a suceder, y como puedes ver es sencillo hacerlo solo necesitas querer mejorar tu vida, repetir los audios porque el cerebro es así aprende por repetición o a acaso como crees que trabaja el marketing que cuando vez algo por ejemplo un comercial de comida que ni siquiera es saludable y te hace daño, pero como lo ves a cada rato, por años que terminas comprándolo y eso se llama programación mental, así en la Hipnoterapia hacemos lo mismo tanto que escuchamos los audios que la mente subconsciente acepta y hace el cambio.

Hay algo que quiero mencionar que habla de la energía de cada ser humano. Todos los problemas emocionales y físicos no permiten que la energía que es el Prana y que está disponible para todos los seres vivos no entren adecuadamente a nuestro cuerpo para darnos esa fuerza y tener motivación y disciplina porque la emociones toxicas que son causadas por los traumas físicos y emocionales hacen que nuestros chacras (meridianos del cuerpo) estén bloqueado. Cuando sanamos las emociones y los traumas los chacras se liberan y esto provoca que el Prana entre con fuerza a nuestro cuerpo, por consecuencia activando la vitalidad y motivación para seguir adelante bloquean Cuando sanas las emociones negativas que tenías congeladas la luz y lo que llamamos Prana (Energía) entra más fácil y comenzamos a vibrar en otras frecuencias más elevadas, pero cuando estamos con problemas, con cargas emocionales ese Prana no puede entrar bien e iluminar la vida de nosotros. El Prana está allí para nosotros disponible y listo para entrar, pero somos nosotros que no somos conscientes de esto y que también no hemos aprendido sobre cómo hacer que las cosas buenas nos sucedan.

Sanar la relación con dinero es fundamental porque es el medio de sustento que necesitamos en este planeta y la abundancia está para todos. Ponte a pensar que vives en un mundo rodeado y lleno de abundancia en los recursos naturales, cosas materiales por ejemplo el carro de tus sueños existe y está estacionado allí en un lugar, pero tú no lo tienes y ¿Por qué razón es? La razón más lógica es porque no tienes el dinero y, sin embargo, existe suficiente dinero en el mundo para repartirlo, pero no se puede porque la gente que no tiene la relación sana con el dinero, si le llega en poco tiempo estará en la misma condición o peor que antes de recibirlo. Por esa razón las personas que ganan la lotería les suelen suceder eso, personas que ganan buena cantidad de dinero a través de demandas y al rato ya no tienen nada.

Otras personas lo hacen a través de la comida, dopan sus emociones, el alcohol, alguna droga, adicciones a la televisión para no ver y no sentir la realidad de conectar con los verdaderos sentimientos. Repito el mundo necesita más personas felices, más sanas, más hipnoterapeutas y tú puedes ser uno de ellos.

El ejemplo brilla por sí mismo y se convierte multiplicado infinitamente. Así que a partir de los próximos capítulos vamos a ver tema por tema que vemos en la certificación y te daré un ejemplo de uno de mis casos en terapia de cómo les ayude reservando su nombre verdadero. Así que te invito a que exploremos la magia de mis clases de Hipnoterapia para ver con cual te identificas o quizá conoces a alguien que te resuene el caso que vamos a ver en cada tema. Tú puedes ser una persona que aporta buena vibración al planeta y a tu alrededor, o puedes ser esa persona que lleva luz a otras que sufren por falta de herramientas sencillas, efectivas al alcance de ellos, es cuestión que digas "Yo me sane de...". "Yo aprendí...", "Yo me libere de..." para que seas un foco de luz y todo el mundo a tu alrededor comience a querer acercarse para preguntar cómo lo lograste y allí comienza tu misión profesional como hipnoterapeuta profesional certificado.

*"Todo es un programa, y todo programa se puede desprogramar." — Isabela Owl-Tena*

*CAPÍTULO 11*

# LA IMPORTANCIA DE SANAR LA AUTOESTIMA

La falta o la baja autoestima viene desde las vidas pasadas, de nuestros ancestros, del momento de la concepción, del embarazo dentro de mamá, del momento de nacer, de nuestras experiencias en la infancia, el desarrollo de la adolescencia, y por supuesto cada experiencia que vivimos en la etapa del adulto es el resultado de cada emoción atrapada en nuestro cuerpo. Sin embargo, seguimos acumulando experiencias que nos marcan patrones repetitivos en nuestra vida.

Hay muchas definiciones de la autoestima hoy en día, ya que involucra desde la física, salud emocional, salud mental, y hasta tiene que ver con el valor de nuestro trabajo por el cual generamos el sustento. Cuando hablamos de sanar quiero aclarar que no sucede en un par de terapias, más bien es un trabajo constante y de por vida. Creo y estoy segura de que hay que estar pendiente de este tema cada día de nuestras vidas al observar nuestros pensamientos, comportamientos, emociones que generamos dentro, y lo que el exterior activa en nosotros. Como mujer que soy y que, a diario trabajo con mujeres en clases y terapias, me doy cuenta de que es uno de los temas más importantes que requiere tiempo y dedicación.

En mi caso puedo decir que la autoestima es la capacidad de creer y sentir que merecemos estar mejor en cada aspecto que nos rodea y del cual somos parte. Cada vez que se acerca mi cumpleaños hago una evaluación interna, e incluso contrato una buena terapeuta para qué me evalué porque no hay nada mejor que tener ayuda de un experto que sabe en qué área necesitamos trabajar. Las preguntas en las cuales se basa mi evaluación anual son:

¿Tengo mejor salud que hace un año?

¿Tengo mejor economía que hace un año?
¿Tengo más éxito laboral que hace un año?
¿Tengo nuevas amistades que aportan cosas buenas a mi vida?
¿He conocido o viajado a un sitio nuevo para alimentar mi conocimiento cultural y social?
¿Tengo mejor relación con mi familia?
¿Tengo mejor creatividad que hace un año?
¿Mi relación sentimental es sana?

Escribo sobre esto y luego veo las áreas que se necesitan pulir y me pregunto qué pasó, que falló o que dejé para después, porque la procrastinación es falta de autoestima. Luego procedo a mejorar esas áreas, no tienes idea de lo bien que se siente cuando se trabaja en ello y los resultados que se obtienen después, ya que todos queremos Empoderamiento, y sentir que tenemos el control de nuestra vida. Los siguientes ejemplos ilustran por qué se tiene que trabajar en la autoestima, y son basados en experiencias de mis alumnos, clientes de terapias, y mis experiencias personales de cómo sané cuando fui alumna de Hipnoterapia.

## Caso de Lorena: ¡Ha nacido una niña y es fea!

Lorena es una alumna bella por fuera y por dentro, ella comenzó las clases de Hipnoterapia en 2012 y manejaba cada viernes desde Modesto, California a la bahía en la ciudad de Palo Alto, California para tomar semanalmente las clases. Ella de profesión es estilista y tomó las clases para su superación personal y ser mejor Madre. Ese día tocó la clase de autoestima y ella pasó al frente a ser el ejemplo para demostrar la técnica. Lorena nos platicó que ella se siente fea desde siempre y que es una sensación que no puede explicar, conscientemente ella sabe que no, ya que la gente le dice que es guapa y cada vez que sube fotos a sus redes le comentan halagos. Sin embargo, ella no lo siente así y es que esto sucede a menudo, ya que hay una diferencia entre saber y sentir. En el caso de ella su corazón y su mente no estaban alineados.

Hicimos la sesión de demostración, pero como había una emoción que no se reconocía, utilizamos una técnica de Hipnoterapia que sacó a flote un recuerdo importante. En el momento que nació, su abuela paterna la vio y dijo, "Que fea es." Este comentario la marcó mucho antes de que ella tuviera conciencia y al recordarlo, Lorena comenzó a llorar. Mediante el llanto, ella liberó la emoción de rechazo, comprendiendo de súbito que eso la selló de por vida, yo estoy segura de que la abuela no lo dijo de corazón, pero son típicos comentarios sin consciencia que se hacen a diario cuando un bebé nace.

Las personas no creen que un niño desde que está en el vientre de su madre registra absolutamente todo y lo lleva al subconsciente que crean patrones de conducta y ciclos que se repiten. Lorena registró eso y como se lo creía porque para su mente fue un veto (una ley), atrajo experiencias a su vida que comprobaban que así era, desde infidelidades, relaciones que no se comprometían, etc. Después de esa sesión ella siguió tomando más clases, la consciencia le cambió, se le miraba más segura en sus redes sociales, ha sido exitosa en su trabajo y ha tenido mejores experiencias de vida, ahora es una mujer más consciente de sí misma que busca siempre estar mejor.

## Caso de Jhoana: Chica Emprendedora sin Éxito

Otro caso es el de una chica que participó en un taller que desarrollé que se llama Dinero Fluye, en el cual hablamos del valor de cobrar por nuestro trabajo y talentos. Su nombre es Jhoana y ella limpia casas en Madrid y hace el negocio de multinivel en red de mercadeo. Ella explicaba que no entendía por qué le costaba tanto emprender el negocio cuando tenía toda la capacitación completa, entendía el plan de compensación perfecto e invertía tiempo en el negocio, pero sin éxito.

Hicimos la sesión de Hipnoterapia y fue grupal, ella accedió aún recuerdo de inmediato en el cual sintió y escuchó cómo al nacer su madre hizo el trabajo de parto hasta dilatar 9 centímetros. En ese momento la bebé se estancó justo al momento de coronar hacia el mundo exterior, para él bebé es el gran triunfo de manera simbólica que queda grabado en su cuerpo y su subconsciente. El médico dijo, "¡Hay que hacer una cesárea de inmediato!" y la madre llorando decepcionada después de sufrir por tres días el proceso para terminar en una cesárea exclamo, "¡De nada me ha servido tanto cuidado y esfuerzo!" Este escenario él bebé lo registró y lo adoptó como un patrón de conducta haciendo lo mismo, trabajando con mucho esfuerzo y cuando está a punto de coronar un cliente más, no llega, se le cae el negocio y retrocede donde estaba, a su estado económico original. Un próximo libro mío será dedicado a la etapa intrauterina y momento de concepción para crear consciencia en las embarazadas y el mundo de la obstetricia.

Después de ese taller, Jhoana comenzó a tomar más consciencia de sus emociones, encontró la raíz de su problema, y empezó a desbloquearse creando una red de mercadeo fluida y trabajando en su autoestima día con día.

## Caso Personal: Relación con la Pareja Dispareja

Era yo alumna de segundo nivel de Hipnoterapia y mi talón de Aquiles, como le decimos en mi país para referirnos al problema que está más presente en nuestra vida, había sido el amor de la pareja. Mis amigas no comprendían como era que yo siendo una mujer bella, inteligente, y exitosa, aun no tenía un buen hombre a mi lado. Yo comencé a cuestionarme, porque hasta ese momento pensé que todo lo que me había pasado en la vida era normal y solo tenía un poco de mala suerte. En un cuestionario que llenamos en clases para conocernos a nosotros mismos y los patrones que adquirimos, recordé que mi padre estuvo muy poco de manera presente porque siempre viajaba, me llenaba de regalos y me prometía llevarme al parque, cosa que poco cumplía y me dejaba esperando. Eso me marcó, ya que me decepcionó muchas veces. Recuerdo llegar a quedarme mirando por la ventana para ver a qué hora venía y quedarme dormida en el sofá de la sala, mi cerebro registró eso, que el hombre que yo más amaba nunca me cumplía, que otros eran más importantes que yo, que no había tiempo para mí.

En la mayoría de mis relaciones se reflejaba mucho ese patrón de alejamiento, me dejaban por otra, nunca tenían tiempo para mí, preferían a la familia o amigos, su trabajo era más importante que yo, y esto creo en mí una muy baja autoestima. En ocasiones, las personas que conocía y que salíamos a comer o tomar un café usaban las mismas palabras que mi papá, "Luego te llamo," "Vengo la otra semana," "Te veo pronto" y hasta el sol de hoy jamás cumplieron esas promesas y crearon tremendas inseguridades en mí. Después de tomar consciencia de eso, supe de inmediato que yo estaba en la Ley del Espejo, en donde otros me reflejaban y tocaban los botones para que viera adentro de mí, y descubriera lo que tenía que remediar, sobre todo aquello que tenía pendiente que era sanar la relación con mi padre y perdonarlo.

Estos tres casos solo son una breve ilustración de cómo la baja autoestima obstruye el camino al éxito. El propósito de estas historias es ayudarte a tomar consciencia de tu vida y evaluarte para que distingas los obstáculos que te impiden cumplir tus metas. Todos los protagonistas de estas historias lograron encontrar el programa mental que los hacía repetir patrones nocivos. Ellos lograron desprogramarse con sesiones posteriores porque de nada sirve encontrar la raíz de un problema si no se desprograma, en estas ocasiones yo uso un dicho que me gusta incluir en mis clases, "No se puede trapear un piso sin haberlo barrido primero." No se puede ser un adulto exitoso sin haber superado los traumas de infancia que solo nos estancan, alguna vez te has preguntado cuantos espejos te ha puesto la vida para sanar y tú no los has visto.

*"El perdón libera al corazón y la mente, mientras que el resentimiento enferma al cuerpo." — Isabela Owl-Tena*

*CAPÍTULO 12*

# LA MOTIVACIÓN EN LA HIPNOTERAPIA

Hoy en día la gente paga mucho dinero para poder asistir a seminarios o cursos de motivación para aprender estrategias de superación personal, por falta de disciplina y autoestima (programas mentales sumamente importantes). Dentro de la Hipnoterapia sabemos perfectamente que para tener motivación primero se tiene que fortalecer la autoestima y sanar el niño interior herido que de alguna manera todos llevamos dentro. A través de esta sanación se abren las puertas para sentirse merecedor de todo lo bueno que hay en el mundo destinado para cada persona.

La mayoría de los humanos han perdido la coherencia entre cuerpo, mente y corazón, que es el equivalente a pensar, hablar, y pasar a la acción. En el capítulo anterior menciono una frase que ocupo en mis clases, "No se puede trapear en un piso sin haberlo barrido primero," es decir, una persona dice, "tengo que bajar de peso por mi salud," pero no crea una estrategia para hacerlo y no se pasa a la acción. Por lo tanto, como no existe un plan pasa mucho tiempo pensándolo y no realizando su meta.

En las sesiones de coaching cuando se es cliente se brindan muchas estrategias y protocolos para lograr tus metas, y muchas personas que han pasado por mi consulta me cuentan que nunca lograron pasar a la acción. La razón no es porque el coaching no les haya funcionado, sino que tenían un bloqueo que les impedía hacerlo. Ellos, mediante la Hipnoterapia descubrieron que tenían programas mentales como la baja autoestima, la indisciplina, y el sentirse no merecedor. De hecho, antes de la Hipnoterapia, yo estudié y me gradué primero como coach de vida y de negocios, lo que me ha ayudado en las sesiones de Hipnoterapia a que las personas entren en coherencia. Se reprograma la autoestima y motivación y trabajando en ello se logra pasar a la acción y se logra llegar a lograr sus sueños y cumplir metas de una manera fluida.

Muchas personas se decepcionan después de haber tomado algunas sesiones de coaching porque no les funciona. Para ellos la realidad llega cuando vuelven a casa, ya que nunca trabajaron en sanar su niña o niño interior, y tienen pésima relación con el dinero, mala relación con los padres, una imagen corporal que no les gusta, un trabajo que quizá no es el que aman, y la lista sigue.

Para poder descubrir que programas mentales son los que nos bloquean, la autora del bestseller Usted Puede Sanar Su Vida Louise Hay, nos recomienda un ejercicio potente que consiste en escribir frases que comiencen con la palabra Debería y las mismas después pasarlas a la frase Yo podría. Por ejemplo:

| **Debería** | **Yo podría** |
|---|---|
| **Debería** estudiar más | **Yo podría** estudiar más |
| **Debería** tener más disciplina | **Yo podría** tener más disciplina |
| **Debería** de bajar de peso | **Yo podría** bajar de peso |
| **Debería** de hacer ejercicios | **Yo podría** hacer ejercicios |

Él debería se dice que es una de las frases más tóxicas que nos bloquean cuando la tenemos en nuestro vocabulario y de manera interna en nuestros pensamientos, porque jamás nos llevan a una respuesta para el cambio positivo, más bien nos encierran en el auto juicio y crítica de quienes somos. De manera contraria, la palabra podría nos abre la mente a un mundo de posibilidades. Hagamos el siguiente ejercicio, en el primer ejemplo de yo debería, ahora rellénalo a la par con él porque," por ejemplo: Yo debería de estudiar más porque soy mala estudiante. Esa respuesta de ser mala estudiante refleja un programa mental grabado en lo más profundo de nuestra mente subconsciente. En mi caso, que es mi ejercicio real de hace 17 años, me di cuenta de que como nunca sacaba buenas notas en el colegio porque tuve mucha inestabilidad por vivir con mis padres que me querían poner disciplina y en casa de mis abuelos que me dejaban hacer lo que yo quería. Como ves, era un programa mental que se me quedó muy marcado y generó un patrón de conducta nocivo que fue dejar los estudios para después crear culpabilidades a otras personas.

En el ejemplo de Yo podría, complétalo con una acción que podrías hacer. Por ejemplo, Yo podría estudiar más creando una agenda, trabajando con horarios establecidos, respetando mis horarios, o estudiando por bloques. El asunto es que esas posibilidades no están instaladas en la mente para ser ejecutadas, por lo tanto, se necesita de la Hipnoterapia para programar esas opciones en la mente subconsciente y que se den los resultados deseados, es decir, pasar a la acción y tener motivación.

## Un ejemplo de motivación:

Luisa Rodríguez, radica en Dallas, Texas, ha sido una excelente alumna porque es uno de los ejemplos más recientes que tengo en este año del 2022 mismo en el que este libro se ha expuesto al púbico. Ella es coach de vida con un enfoque para Mamás Frustradas, como ella les llama en redes sociales a todas las mujeres que de alguna manera quieren emprender, pero que se sienten frustradas por llevar una carga muy pesada en sus hombros, un hogar y negocio a la misma vez. Luisa, estaba en el segundo nivel de Hipnoterapia avanzada en donde se trabaja a tope la infancia y un programa total de sanar la niña interior para desprogramar el pasado y programar el futuro que deseamos. Luisa entendió de inmediato al descubrir que tenía las estrategias, pero le hacía falta activar el merecimiento. Ella dice que después de ese nivel, se había hecho un cocktail de sesiones grabadas de Auto-Hipnoterapia y a partir de allí comenzó a crecer su negocio de coach y de hipnoterapeuta (puedes escucharlo de propia voz en mi pódcast de Mundo Holístico USA en Spotify). Después de trabajar desde casa, ella ya tiene su oficina, sus redes sociales crecen como espuma, y está lanzando programas de emprendimiento para mamás.

Pongo estos ejemplos porque mucha gente necesita saber esto, y quiero llamar a todos las personas que manejan el coach como servicio a su comunidad a que estudien y se certifiquen como hipnoterapeutas para que puedan tener esta herramienta maravillosa y complementaria en sus servicios.

Sin duda alguna a través de la historia de Luisa comprobamos una vez más que todo programa mental se puede desprogramar con la Hipnoterapia. Como ya lo mencioné anteriormente se ha perdido la coherencia, no manejamos una conexión entre cuerpo, mente, y corazón. Es importante crear estrategias para pasar a la acción y realizar metas.

*"Todo ser humano merece tener una vida mejor y merece explorar la mente ilimitada para convertirla vida soñada en una realidad." — Isabela Owl-Tena*

*CAPÍTULO 13*

# HÁBITOS QUE MATAN LENTO Y SEGURO

Dentro de la certificación de Hipnoterapia vemos claramente la importancia de reconocer la relación que tenemos con la comida y los hábitos que nos matan lentamente. Ya que dichos hábitos nos llevan a complicaciones de salud y está relacionado con los temas anteriores que son la autoestima y la motivación—como puedes ver todo va de la mano y perfectamente ligado porque una cosa apoya a la otra. El bajar de peso es un tema muy popular en el que se invierte mucho dinero para quien quiere perder peso, y genera mucha ganancia para quien promete dietas y productos que prometen perdidas rápidas de peso. En realidad, se gasta en esto, y comúnmente se obtienen pocos o ningún resultado saludable. La mala relación con la comida comienza con una memoria muy antigua que va desde vidas pasadas, del vientre materno, niñez, o adolescencia, en estas etapas de vida es donde más se marca el comportamiento que tenemos con la comida.

En este capítulo abordaremos desde donde comienzan los hábitos alimenticios y como se forman los programas de la relación de la comida. En los estudios de partería, Dula, masaje infantil, lactancia materna, educación prenatal, y coach en nutrición holística, se sabe que la mujer que está gestando una vida debe de aumentar en cierta proporción las calorías que consume, la grasa buena de las comidas, aumentar su buen estado de ánimo al ejercitarse moderadamente, y dormir bien. La alimentación de una gestante en la mayoría de los casos dentro de la comunidad Latina es preocupante porque lo que se consume culturalmente, es comida que deprime emocionalmente porque contiene cantidades altas en carbohidratos, azúcares y grasas saturadas. Imagínate lo que el bebé recibe como mensaje cuando mamá dice "Como por dos," no existe un libro o una investigación científica que demuestre que es así. Durante la lactancia materna también se crean programas con la comida que perduran hasta la edad adulta, ya que la mayoría de las personas piensa que cada vez que el bebé llora es porque tiene hambre y no siempre es así. En muchas ocasiones el bebé necesita atención, calor humano, besos, o la presencia de los padres, y este afecto es substituido por la comida creando una programación mental que se repite durante el resto de la vida.

## Sobrepeso

En la cultura Latinoamericana vemos que en nuestra infancia comemos lo que sea cuando queremos, y no se establece una disciplina con horarios que crea malos hábitos alimenticios, que se forman programas mentales con la relación de la comida. En nuestra comunidad en cada celebración siempre involucramos la comida, si te das cuenta, no existe un decir cómo, "Vamos a celebrar mi cumpleaños caminando a la orilla del mar y meditamos dando gracias por un año de vida." Es casi imposible saber que no se ofrecerá comida para celebrar porque es un mega programa, la comida es la vida, aunque para muchos que no saben es la muerte segura. Por ejemplo, se podría cambiar el pastel con el que celebramos con alguna otra opción deliciosa y saludable, hoy en día existen muchos postres saludables.

Cuando no amamos quienes somos, cuando tenemos desconexión con el cuerpo y con la vida, se come por comer sin tomar consciencia y tenemos como ejemplo el caso de Andrea.

Andrea es una chica excepcional y un gran ejemplo de motivación personal, ella llegó de México recientemente, para ser más específicos al final del año 2019. Yo la conocí porque participó de manera virtual en un taller, que hice para mujeres, que se llama Détox Sexual. Este taller consiste en un programa donde trabajamos con un kit de herbolaria y meditaciones por 10 días antes de la Luna Llena, es un acto muy simbólico lleno de arquetipos para desprogramar y reprogramar la mente por medio de la Hipnoterapia. Después de un par de meses pude ver la transformación de Andrea por medio de sus redes sociales. Ella se veía con un cuerpo más esbelto, ya tenía más consciencia sobre el alimento que consumía, estaba más enamorada de su cuerpo, y estaba más segura de sí misma porque había logrado liberarse de 50 libras de peso. Tras esta transformación ella se inscribió en mis clases de Hipnoterapia y ahora cursa el segundo nivel. Con todo lo que ella logró, ahora tiene la idea de todos los programas mentales que ha encontrado y que ha liberado, tienen un cuerpo perfecto, se ve enamorada de ella misma y no ha retrocedido donde estaba hace dos años. Sin duda alguna, ella es un ejemplo de amor propio, motivación y buena relación con la comida.

## ¿Cuándo, Dónde, y Por Qué Como?

Se puede descubrir los programas mentales que llevamos mediante ejercicios hipnoterapeuticos, solo quiero aclarar que dichos ejercicios sirven para descubrir, y no para quitarlos porque este es el inicio nada más. La siguiente actividad te podrá ayudar más adelante a analizar tu forma de comer e identificará cada cuándo comes, dónde comes, y por qué comes. Estas preguntas no van a la par una de la otra, solo se tiene que marcar o identificar cuál aplica en tu vida. Marca las emociones que consideras que te hacen comer en la primera columna, en la segunda marca en donde comes, y en la tercera la razón. Recuerda que es un programa mental y que hay algo que hace que actúes en ese botón automático. Marca Si o No en la siguiente lista.

| Yo como cuando... | Si | No |
|---|---|---|
| *Tengo hambre* | ○ | ○ |
| *Estoy nerviosa/o* | ○ | ○ |
| *Estoy aburrida/o* | ○ | ○ |
| *Tengo estrés* | ○ | ○ |
| *Estoy feliz* | ○ | ○ |
| *Estoy hiperactiva/o* | ○ | ○ |
| *Siento tristeza* | ○ | ○ |
| *Siento miedo* | ○ | ○ |
| *Siento ansiedad* | ○ | ○ |
| *Siento depresión* | ○ | ○ |
| *Otro:* | | |

| Yo como... | Si | No |
|---|---|---|
| *Entre comidas/ grupos* | ○ | ○ |
| *Viendo televisión* | ○ | ○ |
| *Por celebración* | ○ | ○ |
| *Entre la casa u oficina* | ○ | ○ |
| *En fiestas* | ○ | ○ |
| *En eventos sociales* | ○ | ○ |
| *En la cama* | ○ | ○ |
| *En el carro* | ○ | ○ |
| *Mientras leo* | ○ | ○ |
| *En cualquier lugar donde hay comida* | ○ | ○ |
| *Otro:* | | |

| Yo como por... | Si | No |
|---|---|---|
| *Recompensa* | ○ | ○ |
| *Soledad* | ○ | ○ |
| *Premio* | ○ | ○ |
| *Recibir afecto* | ○ | ○ |
| *Entretenimiento* | ○ | ○ |
| *Quedar bien con alguien* | ○ | ○ |
| *Demostrar amor* | ○ | ○ |
| *Sentirme importante* | ○ | ○ |
| *Atención sexual* | ○ | ○ |
| *Relajarme* | ○ | ○ |
| Otro: | | |

Este ejercicio te ayudará a tomar consciencia, pero no removerá el programa mental, ya en las clases nos adentramos a la desprogramación de manera profunda. El trabajarlo para comenzar un programa de sesiones de Hipnoterapia y para poder bajar de peso o dejar de fumar consiste en 5-8 sesiones, dependiendo del historial del cliente, de las experiencias de vida que ha tenido, las emociones retenidas de esas experiencias, los traumas, y los hábitos programados, entre otros.

Para lograr deshacerse de hábitos como los de los ejemplos que se han leído a lo largo de este libro es necesario aplicar los ejercicios que se presentan. Lo primero es reducir el estrés, después se requiere de aumentar la autoestima, motivación, y buenos hábitos. Dentro de las sesiones de Hipnoterapia se descubren dolores emocionales que generan traumas físicos en los que el cuerpo codifica la memoria celular del evento, haciendo que esto sean factores que contribuyen al sobrepeso que llevamos. Como puedes entender, el bajar de peso involucra varios temas que se tiene que tratar dentro de la Hipnoterapia, y esto hace aumentar la confianza hasta lograr un peso ideal, y ponte a pensar, hacer estas sesiones es como quitarte un enorme peso de encima.

Cuando se libera el peso emocional el cuerpo cambia, según el médico Elliott S. Dacher, M.D., la célula copia lo que la mente imagina y lo lleva a la parte del cuerpo que relacionado con el órgano que se conecta con el pensamiento (este tema se extiende más en el capítulo 15). En pocas palabras, si tú tienes un pensamiento constante que diga, "Me siento como una pelota", mírate en el espejo y date cuenta si tu cuerpo tiene forma de pelota, es decir, si alguna parte de tu cuerpo es redondo, ya sea tu cara, tu estómago o el entorno de tu cuerpo. Eso se debe a que constantemente mencionas dicha imagen y la célula copia la imagen adaptándola al cuerpo y la parte que corresponde al pensamiento, ya sea literal o la metáfora. Hablaré más en uno de mis próximos libros de cómo funciona esto, ya que la mente puede ir adentro del cuerpo y hacer los cambios necesarios.

Vamos a entender un poco lo que el doctor Dacher nos explica sobre como la célula copia el pensamiento, llevándolo a la parte del cuerpo que recibe la metáfora. Ahora piensa que la mente es el jefe, las emociones es el supervisor, y los empleados son los órganos. Ahora, piensa si te hace sentido por qué la célula copia lo que la mente imagina, continuación te presento algunos ejemplos:

- *No soporto ver el desorden de mis hijos:* El soporte es el cuerpo y la vista es lo que ves, por lo tanto, si lo dices seguido, quizá creas síntomas en los soportes que son el sistema óseo y la vista.
- *No trago a mi suegra:* tragar tiene que ver con la garganta y con el estómago y tracto digestivo, y quizá tengas síntomas o enfermedades en esas zonas.
- *Mi jefe me tiene hasta la coronilla:* La coronilla es el

chakra espiritual y está en la cabeza y el decir que alguien te tiene hasta la coronilla puede ocasionar problemas con tu conexión con el universo, afectando tu intuición y también a nivel físico la cabeza.

Con este último ejemplo ahora piensa sobre lo que dices de tu cuerpo, lo que sientes sobre tu cuerpo y como percibes tu imagen. A esta programación también hay que sumarle los programas mentales que traes desde que estás en el vientre de tu madre, y tus hábitos. Entonces, ahora pregúntate ¿Por qué no cambio o bajo de peso? La pérdida de peso saludable parece ser un camino largo, pero no lo es, es más sencillo y corto de lo que puedas imaginar cuando se utilizan las técnicas de desprogramación usando la Hipnoterapia.

Aprende Hipnoterapia y eso te puede ayudar a cuidar tu salud y la de otras personas si deseas hacerlo de forma profesional. Este libro te ayudará a tomar consciencia de cómo manejar tu vida a nivel mental, emocional y físico, te ayudará a comprender a los demás y sobre todo a darte cuenta de que todos necesitamos ayuda en diferentes aspectos de la vida. Nadie nació aprendiendo, nacimos sobreviviendo a un montón de experiencias positivas y negativas que de alguna manera nos marcaron, y no nos dejan ser quienes realmente queremos y merecemos ser por derecho universal.

## Fumar

Dentro de la certificación tocamos el tema de fumar haciendo el mismo ejercicio, ya que son los temas por los cuales las personas buscan terapia, ya sea para bajar de peso y dejar de fumar, puesto que son los hábitos que más matan gente en el mundo entero.

En mi caso personal yo fumaba desde los 16 hasta los 26 años, y fumaba todos los días. Cuando estaba en el segundo nivel y llené el cuestionario me di cuenta de que solo fumaba en lugares que me causaban claustrofobia, o cuando estaba encerrada por mucho tiempo, en la casa, el trabajo, o en el carro cuando estaba en tráfico.

Mediante una práctica cuando era alumna vi a través del cuestionario que lo que predominaba era la ansiedad cuando tenía presión y cuando estaba bajo una sesión de Hipnoterapia. Durante una práctica con mi compañera de turno recordé que cuando tenía 4 años en un parque de diversiones me le perdí a mi mamá porque me solté de su mano. Aunque ella me estaba observando de lejos, quería saber qué haría yo, mientras que de mi parte moría de miedo por no saber dónde estaba mi madre. Yo estaba parada en medio de la multitud, la gente pasaba por mi lado rápido, yo tenía mucho miedo, y llorando con el dedo en la boca sufriendo por mi mamá. Ella se me acercó y allí mi cuerpo se relajó, pero el cerebro lo registró y jamás lo olvido, aunque esos momentos que fueron mínimos, para la mente y el corazón fue un momento enorme. Allí aprendí que cuando estoy en aglomeraciones desarrollo ansiedad, cuando me siento perdida tengo ansiedad, y cuando tengo miedo sufro de ansiedad. Las emociones son adictas y pasan factura, repitiendo lo mismo de diferentes formas. Una vez encontrada la raíz del problema hay que saber que se necesita quitar ese programa mental relacionado con situaciones similares de adulta que en mi caso disparan la ansiedad.

Quizá pensaras que lo recordé por medio de una terapia regresiva porque recordé mediante la sesión de Hipnoterapia, pero no fue así. Fue mediante el proceso de relajación con respiraciones profundas, mi compañera de clase solo me estaba induciendo a la relajación para proceder a la inducción para dejar de fumar, pero aquí hay algo fantástico sobre la mente. Milton Erickson el psiquiatra de origen estadounidense famoso quien nos dejó un legado en las técnicas de hipnosis aplicadas en la psicoterapia, decía tres cosas:

- El subconsciente tiene la capacidad para resolver los problemas.
- El estado de trance facilita el acceso al subconsciente.
- La sugestión post-hipnótica ayuda para hacer cambios efectivos en nuestras vidas.

Con esto te confirmo lo siguiente, desde que una persona va a terapia y sabe lo que desea resolver, la mente subconsciente sabe que está a punto de ser descubierta y se prepara para ese momento. En mi caso yo estaba deseando de todo corazón dejar de fumar, pero no podía dejarlo de manera voluntaria, algo más fuerte me vencía. Cuando mi compañera de clase me estaba induciendo a relajarme pasó lo que Milton Erickson decía; la facilidad de acceso al subconsciente en un estado de trance, es decir, cuando la mente se relaja, parece como si fuera una flor y se abre para poder dar el acceso aquello que deseamos resolver. Es maravilloso como con solo respirar y soltar los músculos mi mente comenzó a recordar ese momento que, con ninguna terapia convencional, o años de psicología lo había logrado, porque en ese momento mi mente está activa y no relajada.

Resolví el problema de fumar demasiado entres sesiones, a la tercera sesión de práctica con mi compañera de clase pude dejar el vicio que me costaba caro, y que estaba dañando mi salud. En mis sesiones se me decían sugestiones post-hipnóticas y un aroma que no soportaba fue el anclaje final que hizo que dejara de fumar, es como si mi mente lo asoció y pude dejarlo, con los años volví a fumar, pero es muy rara vez y no dependo de eso de manera constante.

Me gustaría poder transmitir todo lo que han logrado mis clientes en sesiones privadas, y mis alumnos en clases cuando aprenden los tipos de hábitos. Ha sido maravilloso poder ver los triunfos de sus metas al bajar de peso, mejorar su apariencia física, emocional y mental. Quien no se siente con una buena autoestima cuando admiran su físico, y no solo por cómo se ven, sino más bien porque su energía cambia. Ellos lucen más jóvenes y llenos de energía para hacer cosas que jamás logro antes como, jugar con sus hijos, mejorar la libido, correr maratones, tener hijos, un nuevo trabajo, etc.

Los beneficios son incalculables, pero sobre todo vivir para disfrutar y no vivir para morir por los hábitos. Recuerda que es el único cuerpo que tendrás durante esta vida, es tu templo y cada año necesita más atención, amor, y cuidados. Amate porque si no lo haces tú, nadie lo hará, el estar enfermo sale caro, al menos en Estados Unidos. También te pierdes de hacer muchas cosas, ya que la depresión es parte de la obesidad y la gente que tiene esos dos componentes se ven con vida porque caminan y respiran, pero con un gran peso emocional que su mirada refleja la depresión de estar molestos por el cuerpo que tienen que no les gusta. Es tu opción vivir plenamente y con salud.

*"Todo es un programa, y todo programa se puede desprogramar." — Isabela Owl-Tena*

*CAPÍTULO 14*

# DOLOR FÍSICO Y EMOCIONAL

Cuando hablamos del dolor, ya sea físico o emocional, no existe una manera exacta de describirlo, y el método más efectivo para hacerlo es a través de una metáfora que es el lenguaje del subconsciente. Es decir, usar el sentido figurado para referirse a la descripción del dolor. También es difícil calcular la medida exacta del dolor usando una escala del 1 al 10, donde sabemos que el número 1 significa un dolor mínimo que apenas se siente, y el número 10 es el número que significa emergencia, o que el dolor es tan insoportable que se necesita atención médica. Hay personas que son más tolerables al dolor que otras, existen estudios científicos que indican que la tolerancia se asocia a experiencias dolorosas del pasado, tanto físicas como emocionales. Por ejemplo, una persona que haya vivido la presión de una guerra en su país, y haya perdido seres queridos, puede tolerar un dolor físico, o manejarlo más fuerte que otra persona que jamás haya pasado por algo similar.

## Dolor Físico

Gracias a estudios que se han realizado con respecto al dolor, hoy sabemos que existen millones de variaciones del genoma humano y este es el encargado de regular la sensación dolorosa. En estos estudios genéticos se ha encontrado evidencia que hay docenas de variantes que son determinantes sobre la tolerancia al dolor. Algunas de estas variantes son experiencias sociales, culturales, familiares y las experiencias de la vida misma. Por ejemplo, si un niño tiene un modelo a seguir, él copiará lo mismo, ya que el dolor físico puede presentarse de diferentes maneras. Si él tiene unos padres que sufren un accidente, y se recuperan con facilidad y no demuestran debilidad, o viven con dolores físicos, sin quejas, el niño puede asociar el dolor de la misma manera. También es así en el caso de alguien que trabaja en el campo duro, o alguien que trabaja largas horas enfrente de la computadora, o en trabajos que requieren involucrar el cuerpo físico. Por otro, lado un niño que ve a sus padres que son depresivos, o lloran por sus problemas emocionales, o ven debilidad cuando pasan por accidentes y dolores físicos, también este adoptará la misma postura o una similar.

En mis clases de Hipnoterapia hemos comprobado que es cierto que los padres influyen en la tolerancia que se tiene al dolor, cuando de manera individual llenamos cuestionarios con preguntas de alto rendimiento que son reveladoras. Al ver los resultados, nos damos cuenta de que todos manejamos el dolor físico y emocional muy parecido a cómo lo hicieron las personas que nos criaron. Si a esto le sumamos las creencias que tenemos, como los programas mentales que vienen circulando de generación en generación. Por ejemplo, esa expresión común que dice, "Tienes que trabajar duro para tener dinero." Es entonces que la persona recibe el mensaje y literal, tienen dos trabajos, a veces hasta tres, con poco descanso, muy mala nutrición, y vemos, que no se enferman porque el subconsciente no se lo permite, y también son altamente tolerables al dolor. En mi trabajo antiguo conocí a muchas personas que trabajaban de esta manera en la hotelería, hasta yo misma muchas veces doblaba turno y aún con todo y dolores en el cuerpo seguía trabajando. Asumía que debía hacerlo así porque tenía metas económicas, y yo era responsable de mantener mi hogar; sin embargo, hay límites y el cuerpo tarde o temprano colapsa. Tenemos factores que son el estrés físico, emocional, y mental, del cual el cuerpo lo recibe y lo lleva a la enfermedad, que es el gran llamado de atención que te dice que hay que parar y que hay algo que no está bien contigo.

## Dolor Emocional

Cuando hablamos de describir el dolor emocional muchas veces nos referimos a él por medio de una metáfora, porque es difícil poder medirlo con números y lo comprendemos mejor cuando se describe en un sentido figurativo como la metáfora. Por ejemplo, cuando decimos, "Me duele su traición y siento un puñal en mi corazón," o "Me duele el corazón porque me ha dejado y siento un gran vacío, me abandonó y me siento sola como un árbol en medio del desierto Hagamos un ejercicio, en el siguiente espacio, escribe tus dolores emocionales, no importa que sean antiguos, o si esos momentos ya pasaron. El objetivo de este ejercicio es aprender que la mente controla, pero el cuerpo no olvida, y las experiencias de vida quedan grabadas en la memoria celular.

| Dolor Emocional | ¿Como te Hace Sentir? |
|---|---|
|   |   |
|   |   |
|   |   |
|   |   |

Yo me siento muy privilegiada de ser parte del legado de mi amada mentora Louise L. Hay, tanto por haber pertenecido a su alumnado, como por ser una instructora certificada de sus programas Usted Puede Sanar su Vida. Louise aparte de ser una hipnoterapeuta profesional, nos enseña en su libro Usted Puede Sanar Su Vida como el cuerpo está conectado con las emociones y los pensamientos. Esto lo explica de manera científica a través de la Psiconeuroinmunología que indica que un pensamiento genera una emoción, y dicha emoción te lleva a una acción, es decir, a un efecto que provoca una cascada de respuestas a lo largo de tu cuerpo. A esto se le llaman neurotransmisores, los cuales circulan a través del cuerpo para tratar de acomodarse, y quedarse como una memoria que el cuerpo siempre llevará, y que tarde o temprano pasará factura en forma de un síntoma o enfermedad.

Sin embargo, cuando lees el libro de Usted Puede Sanar Su Vida, o cualquier libro de descodificación emocional que nos sirven de gran ayuda como un mapa para darnos una idea del porqué tenemos dolores o enfermedades, nos damos cuenta de que todos tenemos esas emociones negativas porque somos humanos y sentimos a cada rato. Lo que nadie te explica es que no todos activamos esos dolores, enfermedades, o síntomas porque depende de la actitud y de la personalidad. Muchas personas gestionan sus emociones y los dolores de una manera adecuada. Por ejemplo, en mi caso hago ejercicios, agendo masajes constantemente para mantener la energía del cuerpo en movimiento, y medito. Yo estoy consciente de que soy responsable de mi cuerpo y sé los niveles de estrés que manejo con mi trabajo. Otras personas optan por tomar medicamentos, o usar estimulantes como alcohol y drogas para lidiar con su dolor físico o emocional. Sin embargo, a través de la Hipnoterapia podemos gestionar las emociones con la misma mente, y no dejar que se estacionen en el cuerpo. Te daré dos ejemplos personales de sanación del dolor tanto físico como emocional.

## Dolor de Espalda (Físico)

Era el 2007 y yo estaba estudiando en la escuela de Hipnoterapia, tenía tres trabajos de los cuales uno trabajaba 35 horas a la semana, y en los otros dos trabajaba 16 horas conjuntamente entre un fin de semana sí y otro no. Era mucho trabajo y también tenía que encargarme de mi hija pequeña que vivía conmigo y a ayudar a mi otro hijo que estaba en mi país. Aparte estaba en la escuela y todo ese dolor se me reflejaba en mi nervio ciático, gastaba mucho dinero, y cuando digo gastaba, era porque no veía resultados en mi inversión económica para mi salud. Todo esto que menciono sí funciona usualmente, pero funciona mejor cuando se trabajan las emociones y todo de manera holística e integral. Al final del día yo pagaba por acupuntura, masaje, reflexología, y cualquier aparato que me prometiera quitarme el dolor. También tenía pomadas en mi casa de todo tipo, desde químicas hasta naturales, creo que tenía más pomadas que ropa. Cuando estaba estudiando, al hacer los ejercicios para identificar el dolor del nervio ciático, me di cuenta de que el dolor venía de preocupaciones económicas, todo eso era causado por la sensación de que no me alcanzaba el dinero para salir adelante con toda la responsabilidad. Ahora que veo mis impuestos de esos años me doy cuenta de que me sobraba más del doble para poder tener un ahorro grande, pero el estrés, y los dolores me salían caros, yo no sabía que mi mente estaba programada para desgastarme y no trabajar con mis talentos natos.

Hoy en día, veo a diario tantas personas que están en esa misma situación, pero la ansiedad de hacer dinero para llegar a sus metas financieras no los deja explorar sus talentos, virtudes, y verdadera misión profesional. En mi caso yo comencé a grabarme los audios de auto Hipnoterapia para eliminar el dolor, en mi mente yo le di forma, tamaño, color, y lo comparaba con la lava de un volcán. Yo sentía cómo este dolor me quemaba cuando me recorría el glúteo izquierdo hasta el tobillo del pie, y ya dentro de la inducción me hacía sugestiones para sacar esa lava mediante los protocolos del Guante de Anestesia. Esta inducción es muy famosa en mis clases, es una inducción general del dolor, está también el protocolo del Puño Cerrado, utilizando ambos dos veces por semana por una duración de dos meses, jamás tuve crisis de dolores físicos en mi cuerpo a partir de ese momento. A través de este proceso también subí la autoestima, la motivación, dejé de fumar, bajé de peso, reduje el estrés, y optimicé mi salud. Yo encontré mi misión de vida profesional y cuando uno es feliz y pleno, el cuerpo está relajado, duerme tranquilo porque sabe que al despertarse hay un mundo maravilloso que lo espera para poder sentirse útil, y así me siento cada día porque vivo una vida con propósito.

## Dolor de Oído (Emocional)

Otro dolor crónico que sentía era el dolor de mi oído izquierdo, el cual nunca tuvo diagnóstico y era un dolor que me duró 16 años.

Yo pensé que era porque una vez me subí a un avión

con una infección en la muela, y cuando el avión aterrizó sentí una molestia a ese lado donde tenía la infección, pero los médicos que vi por años para quejarme de ese dolor me decían que no era posible y que no tenía nada físicamente. No fue hasta este año del 2022 que encontré la raíz de ese dolor, pues hace 17 años salía con un muchacho en una relación informal y salimos una noche a cenar, para ese momento yo ya tenía sentimientos por él, pero en esa cena él mencionó algo que me enfadó, me habló de cómo sería la mujer con la que se quería casar y lógicamente no se parecía a mí en ningún modo. Eso me hizo enfurecer y sentirme absurda por haber aceptado esa cena y escuchar en ni cara, cosas que no me agradaron, entonces comprendí de súbito que mis oídos energéticamente se cerraron y uno de ellos que fue el izquierdo (lado femenino), codificó la emoción y respondió con dolor.

Yo me acordé de esto en una sesión de Aromaterapia que me hizo una amiga y maestra en Aromaterapia, Seidy Morales, quien, durante un entrenamiento de Aromaterapia en Denver, Colorado, me enseñaba esa maravillosa técnica de Líbero y Suelto en 4 Pasos con aceites esenciales. Durante la sesión recordé ese evento y al recordarlo lloré porque así es el cuerpo. Mi mente no entendía por qué estaba llorando por alguien que ya no estaba en mi vida, pero mi cuerpo necesitaba liberar la rabia acumulada. Eso pasó en enero del 2022, y desde ese entonces no he vuelto a sentir el dolor para nada, cuando llegué a California lo primero que hice fue hacerme un audio de Hipnoterapia para la sanación absoluta y reprogramar mi oído para que fuera libre de escuchar todo lo maravilloso que escucho a diario.

Es importante dejar en claro que de nada sirve darte cuenta del origen emocional de un dolor físico si existe un programa mental. Es necesario desprogramar estas emociones porque el cuerpo es sabio y es el cuidador de todo lo que has olvidado, como recuerdos dulces, amargos, traumas físicos, emocionales, sexuales, y psicológicos. Aunque se piense que ya se olvidaron, siguen allí presentes y tus dolores o síntomas solo son un programa mental que te indica que allí hay algo que tienes que arreglar. El cuerpo es el mapa del subconsciente, dime que te duele y descubramos de donde viene, ya que el subconsciente no lo ha olvidado y lo sabe todo.

*"Todo es un programa, y todo programa se puede desprogramar."* — *Isabela Owl-Tena*

*CAPÍTULO 15*

# PROBLEMAS DE SALUD

Hoy en día sabemos que los problemas de salud vienen por el estrés, y las personas saben muy poco sobre el significado real de esta palabra tan corta. Todos los días escucho a personas que dicen estar estresadas por situaciones externas, pero no se detienen a ver las situaciones internas que les estresan y que de alguna manera las llevan por mucho tiempo, e incluso toda la vida. Lo que estresa externamente es, por ejemplo: el tráfico, la delincuencia, la contaminación, el clima, cuestiones políticas, y todas las situaciones que no se pueden controlar porque no dependen de nosotros. Las situaciones internas son los problemas en la familia, la economía, dolores físicos y emocionales, la falta de pasión por una misión laboral, etc. Estas situaciones no se pueden controlar, pero si se pueden gestionar, y en mi carrera como hipnoterapeuta y como instructora es lo que más he visto. Una vez que se encuentra la raíz del problema es fácil de resolver, ya que solo basta con gestionar la emoción que causa el estrés.

Como ya lo sabemos, los hipnoterapeutas no somos médicos, no tratamos la enfermedad o el dolor, pero si trabajamos lo que la enfermedad y el dolor provoca en cuestión de estrés. Hay otras situaciones que también influyen y yo les llamo las Enfermedades del Alma; y estas son la soberbia, la ira, la venganza, la pereza, avaricia, gula, y envidia, a lo que llamamos los 7 Pecados Capitales. Me llama la atención que desde las terapias convencionales no se profundiza en estos temas, pero en las terapias holísticas si los tocamos y en este caso es la Hipnoterapia. A diario puedo ver en personas que atiendo que la raíz de su enfermedad empezó por una emoción que duró cierto tiempo, después la emoción le dio fuerza, se convirtió en una actitud, hasta que se volvió una percepción (Manera fija de ver y sentir la vida alrededor nuestro).

Cuando se quiere tener una salud óptima, es necesario primero resolver las situaciones que causan estrés y que a consecuencia mantienen a la persona en malestar continuo. Un ejemplo es la persona que se somete a tratamientos para lidiar con el control del peso y entre ellas está la cirugía bariátrica, la manga gástrica, el balón gástrico, el bypass gástrico, y la abdominoplastia que consiste en reducir el exceso de grasa mediante una cirugía. Algunas personas lo hacen sin haberse educado emocionalmente con la alimentación ni mucho menos trabajar en su adición a ciertas comidas que les producen ansiedad. Estas personas terminan dominadas por la gula y la frustración, porque recurren a procesos drásticos sin antes resolver el problema de raíz que los llevó hasta ese punto dramático de sus vidas. Las actitudes de cerrazón como la de los ejemplos anteriores, he incluso la de uno de mis clientes que conté en capítulos anteriores relacionado con el cáncer, son un claro ejemplo de la relación entre las enfermedades y las actitudes negativas.

Te pondré el ejemplo de una mujer que quiere trabajar la relación con su esposo, y sufre porque las cosas no son como ella quiere que sean. Ella ha buscado soluciones en terapias que le ofrecen investigar las herencias familiares, ha visitado psicólogos y hasta consultas psíquicas. Ya ha hecho terapia para sanar la relación con mamá, y papá, pero, aun así, siente que su relación no está bien y sufre. Aunque está haciendo el trabajo para mejorar su situación, aún no ha conseguido cambios positivos porque su percepción aún no ha cambiado y posiblemente esto se deba a una creencia muy arraigada a raíz de una emoción que no se gestionó. Esta es una actitud fija que no le permite ser feliz porque la otra persona no se comporta como ella desea que lo haga para sentirse más tranquila. En este caso, la relación de la mujer es un espejo para un aprendizaje, o una simbología que señala algo que ella necesita.

Louise L. Hay, quien es una gran maestra de la relación que existe entre la enfermedad y las emociones en muchas conferencias invita a los asistentes a escribir su definición de salud y quiero que a continuación tus escribas la tuya.

¿Para ti que es la salud?

_____
_____
_____
_____

Cuando Louise me pidió que escribiera mi definición, yo escribí, salud es que no me duela nada, que mis exámenes de rutinas salgan bien y que no tome medicamentos. Según Louise, salud es dormir bien y caer en el sueño fácilmente, despertarse con energía y de manera fácil, estar de buen humor, tener pasión por lo que haces, sonreír, tener la habilidad de resolver situaciones difíciles, buen apetito, y tener energía para hacer ejercicios. Al escuchar sobre la definición de salud, yo supe que no estaba sana y que tenía que trabajar ya en ciertas cosas que con solo esa pregunta ya había detectado. Comencé a notar que por ejemplo en esa época me costaba dormir porque tenía estrés de no escuchar la alarma, pues tenía horarios complicados de trabajo, no me podía despertar fácil porque no dormía bien y tenía que tomar mucho café. Yo odiaba mi trabajo porque no era mi pasión, no tenía energía para ir al gimnasio o hacer alguna actividad física, no podía resolver problemas fácilmente, y los dejaba que se me acumularan. Este estrés me causaba adicción del azúcar con los postres, fumaba, tenía estreñimiento grave, acné en la cara y, aun así, no era consciente que si no hacia algo esto me causaría una enfermedad.

## Amor Propio

La buena salud comienza con una buena dosis de amor propio, es decir, siempre es un buen tiempo para comenzar a hacer terapia para la autoestima. A continuación, yo tengo unas preguntas de reflexión para ti:

¿Por qué no te das tiempo para ti?
¿Por qué no sabes poner límites sanos en tus relaciones?
¿Por qué no te alimentas con más consciencia?
¿Por qué no pones fin a esa relación tóxica?
¿Por qué no buscas tu pasión laboral?
¿Qué vas a hacer para mejorar tu relación con el dinero en lugar de quejarte?

Ahora identifica que te hace sentir todo esto y después verás que emociones negativas te causan. Ya que tienes una perspectiva más clara de la raíz de tu estrés, reflexiona otra vez con las siguientes preguntas:

¿Por cuánto tiempo has sentido esas emociones?
¿Qué va a pasar si sigues activando esas emociones?
¿Crees que no te pasará la factura?

El gran mensaje aquí es que el estrés es en realidad la respuesta física y emocional que tienes a reaccionar a todo lo que te rodea y eso forma una actitud que activa emociones tóxicas. Toda enfermedad tiene una causa y un efecto, este es un mensajero que se traduce en un beneficio. Este indica que es tiempo de hacer cambios en tu vida, para ello tienes que trabajar en tu autoestima, ya que después de una enfermedad muchas personas valoran más la vida y a sus seres queridos. Hablemos la historia de una clienta que llamaremos Pamela porque prefiere que no se mencione su nombre verdadero por razones personales.

## Mensajes Ocultos

Pamela es una mujer que fue mi clienta en el año 2012, cuando tenía 32 años. Ella estaba casada con dos hijos, uno de ellos tenía 9 años y es un niño con necesidades especiales, él tiene el espectro del autismo muy fuerte. Pamela me visitaba porque quería mejorar la mala relación con su esposo, a la misma vez sufría de dolores en las rodillas, obesidad, y dolor en la espalda a causa de un accidente automovilístico que había sucedido dos años anteriores a su visita. Ella me mencionó que en su matrimonio no había más amor, que se había convertido en una relación de compañerismo y conveniencia económica, porque él ganaba más dinero que ella. En las terapias ella me dijo que le ayudara a quitarle el dolor de las rodillas, y a bajar de peso.
En ese tiempo yo tenía mi programa de radio en La Grande 1010 AM y ella escuchaba mis charlas sobre la Hipnoterapia. Un día hablé sobre los programas men-

tales de la infancia y comprendió que su esposo tenía el programa de Tienes que Ayudar a tu Familia Siempre, y el de La Madre Siempre está Primero. Como yo siempre hago énfasis en que un programa mental se puede desprogramar, ella me contactó porque quería saber cómo podría aplicarlo con su pareja.

Una vez que establecimos las consultas, yo comencé a hacer los protocolos correspondientes, en uno de esos protocolos le pregunté si estaba dispuesta a renunciar a su enfermedad, y el dolor físico porque sus males, a pesar de que la incomodaban, también le traían beneficios. Ella me miró con cara de sorprendida y me dijo, "Usted está loca." Como ya estaba acostumbrada a que me digieran eso, respiré profundo y le expliqué que todo dolor físico, o enfermedad, traen consigo un mensaje y un beneficio. Le pedí que recordara si algo bueno le había pasado después del accidente, y ella cerro los ojos, reflexionó por unos segundos, y comenzó a llorar al recordar que antes de su accidente no pasaba tiempo de calidad con su familia. Antes del accidente automovilístico en donde resultó gravemente lesionada, Pamela tenía dos trabajos, su esposo trabajaba pocas horas, y gran parte de lo que ganaba lo mandaba México. Ella mencionó que no le molestaba que su esposo ayudara a sus familiares económicamente, sino que no lo hiciera mesuradamente. Gracias a la ayuda monetaria que su esposo les hacía, sus familiares en México vivían una vida cómoda, mientras que la pareja vivía en un pequeño apartamento, sin lujos, ni posibilidad de tener un ahorro, y eso ocasionaba muchas discusiones entre ellos.

Cuando pasó el accidente, ella había salido del trabajo, venía manejando frustrada, y mientras manejaba le preguntaba a Dios, hasta cuando tendría tiempo de ayudar a su hijo autista con sus terapias. Ya que ella veía que no mejoraba porque como los dos padres trabajaban, el niño pasaba más tiempo con la Tableta que con ellos. Ese día ella sufrió una crisis emocional mientras manejaba y no se dio cuenta de que se estrelló con otro auto, solo escuchó un estallido, perdió la conciencia, y cuando pudo reaccionar ya estaba en la ambulancia sin poderse mover. Durante su recuperación, ella aumentó drásticamente de peso y las secuelas del accidente le causaban dolores en el cuerpo.

Desde el accidente, Pamela redujo su ritmo de trabajo, y pasaba más tiempo con su hijo. Por otro lado, su esposo tuvo que aumentar sus horas de trabajo y ya no le mandaba tanto dinero a su familia. A pesar de sus malestares físicos, ella comprendió que el accidente si le había traído beneficios, fue entonces que le volví a preguntar si estaba dispuesta a trabajar en el dolor, porque una vez que desapareciera había la posibilidad que la rutina familiar volviera a ser como era antes. Ella temerosa, me contestó que no quería repetir la misma historia, yo mientras tanto le expliqué, que podríamos trabajar en su caso sin que las cosas cambiaran para mal, pero que requeriría de mucho esfuerzo. Lo primero que hicimos fue elevar su autoestima, trabajamos en su niña interior, en la relación con sus padres, sus hábitos alimenticios, y en los programas mentales que atrajeron a ese tipo de hombre a su vida.

Después de unas cuantas sesiones de terapia, logró bajar de peso, jugaba más con sus hijos, e incluso su esposo y ella comenzaron a ir al gimnasio juntos. El también vino a terapia y la relación mejoró porque ella vio hacia dentro, donde despertó y dejó de ver hacia afuera y quejarse por todo. Pamela es un gran ejemplo de la valentía de trabajar en ella y ser responsable por su salud porque se dio el permiso de trabajar en ella y tener la humildad también de aceptar su mal carácter, resentimientos, y perdonarse para perdonar su historia.

Ahora te pregunto a ti que lees, ¿Estás dispuesto a renunciar a lo que te causa dolor, o te hace enfermar emocional y mentalmente? Todo comienza por una emoción, luego hay una reacción que se convierte en una percepción a haciendo que el programa corra mentalmente, por lo tanto, obtienes más de lo que no quieres. Como dijo Hipócrates, "Si alguien desea una buena salud, primero debe de preguntarse si está listo para eliminar las razones de su enfermedad, solo entonces es posible ayudarlo."

*"Todo es un programa, y todo programa se puede desprogramar." — Isabela Owl-Tena*

*CAPÍTULO 16*

# GANARSE EL SUSTENTO A TRAVÉS DE LA CREATIVIDAD

Ganarse el sustento usando la creatividad es un tema muy común que suele tratarse en la certificación de Hipnoterapia profesional que dicto y también en mis consultas de Hipnoterapia. Es importante incluirlo porque hoy en día hay miles de personas que no están conformes con su trabajo, no disfrutan lo que hacen en el ámbito laboral porque tienen bloqueada la creatividad. Cuando decidimos trabajar con la Hipnoterapia se tiene que evaluar varios temas que están relacionados como:

- Baja autoestima
- Limitaciones económicas
- Estrés
- Falta de disciplina
- Malos hábitos alimenticios
- Lealtades familiares
- Karma

## Baja Autoestima

Esta es la sensación de falta de merecer todo lo bueno que hay en este planeta disponible para todos nosotros. Ponte a pensar tanta riqueza acumulada que existe como carros, casas sin dueños, dinero sentado en bancos, entre otras cosas que tú deseas, y no puedes acceder a ellas por falta de dinero o trabajo. Ahora pensemos cuál es el problema de raíz cuando no hay solvencia económica, y caeremos en cuenta que esto se debe a las programaciones mentales que se forjan a través de creencias generacionales. Las experiencias que tuviste se fueron formando, y generaron ciertas creencias hasta llegar a una sola percepción en donde ves y sientes la vida de una forma determinada.

A diario veo tantas personas con excelentes talentos, ideas, ganas de salir adelante, y simplemente no pueden porque sus programas mentales se lo impiden. Sin embargo, muchas personas que han pasado por mis clases y consultas han logrado generar el dinero utilizando su creatividad y su talento por medio de una desprogramación mental. En mi caso yo era mesera de un hotel de cinco estrellas, trabajé allí por ocho años, y ganaba bien para poder mantener a mis dos hijos. Ese trabajo me consumía todo el tiempo y no me permitía estudiar, intenté varias carreras, y hasta pensé en meterme en el servicio militar porque sentía que me iba a explotar la bomba de creatividad que tenía dentro de mí. Mientras tanto yo sufría de depresión, fumaba, tenía sobre peso, acné, comía muy mal, no dormía bien, y a mis 25 años me dolía todo mi cuerpo. Ahora comprendo por qué me pasaba eso, por qué no me sentía bien internamente y es terrible sentir que no estás haciendo lo que más amas en la vida. Cuando estamos frente a una problemática como esta, la gente casi siempre se pregunta, "Pero cómo lo hago" o "Por dónde empiezo," y en muchos casos se pierde tiempo esencial con la incertidumbre cuando en realidad se debe de pasar a la acción inmediata, así fue mi caso y el de cientos de personas que he ayudado en estos años con la Hipnoterapia.

La gente se preocupa mucho por la inseguridad que les causa el no saber cómo van a pasar las cosas, sí este es tu caso, yo te recomendaría que pruebes la Hipnoterapia para mejorar la autoestima, y verás cómo las cosas buenas comienzan a llegar a tu vida una vez que comienza la desprogramación. En las terapias de hipnosis siempre comienzo reduciendo el estrés del cliente, después se trabaja en desbloquear la creatividad, y subir la autoestima. Para lograr esto se necesita estudiar la historia familiar, cultural, y las experiencias de vida del cliente. Cuando yo comencé mis clases el cambio fue gradual, comencé por practicar con mis compañeras y hacerme mis propios audios de autohipnosis. Después las cosas se fueron dando, ya que cuando vas limpiando tus centros energéticos llamados chacras, vas vaciando la caja mental y dejando ese espacio abierto para que entre a tu vida la luz de bendiciones que hay para ti.

## Limitaciones Económicas

Esto puede ser que se haya experimentado en la infancia o en la vida adulta. Hay personas que no estudian porque piensan que necesitan dinero para estudiar o para poner un negocio y eso es lo que sabemos, pero lo que no sabemos es que hay muchas maneras y seguro has escuchado historias de personas que comentan milagros de cómo triunfaron sus negocios o como hicieron para terminar sus estudios. Las personas tienen demasiada saturación de estrés y no se abren a las posibilidades de pensar diferente y de manera positiva, pero cabe mencionar que el tema de la relación con el dinero es extensa. Uno de mis próximos libros será dedicado al tema porque veo que es necesario en nuestra comunidad y el mundo entero, pues me duele ver tanta gente con talentos que no los ponen a trabajar. Dentro de este tema de la creatividad, si deseas trabajarla, siempre voy a proponerte sanar la relación con el dinero primero para que desbloquees la creatividad y llegue a tu vida todo lo que deseas.

La mala relación con el dinero comienza desde el vientre materno, quizá de vidas pasadas, o venga de lealtades familiares. En mi caso venía de una de muchas experiencias que he tenido con el dinero, yo comencé a sanar cuando recordé la programación mental que comenzó cuando yo tenía cinco años. Estaba en la escuela primaria y me colocaron para ser la reina de la escuela, para eso tenía que vender muchos votos a cinco centavos cada voto en la moneda local de mi país El Salvador, para ganar tenía que vender 3,000 colones que era muchísimo dinero en aquella época. Mi abuela sabía que yo ganaría porque mi familia tenía el dinero, pero ella también quería que yo participara en ganar a través de vender los votos y para eso había que salir todos los días a tratar de vender en el pueblo. Algunos me decían groserías, otros me compraban un boleto, y había días que no vendía nada, yo solo tenía cinco años y a esa edad los menores son como una esponja porque todo lo que experimentan se queda grabado.

En ese entonces yo había desarrollado patrones con el dinero como lo mucho que cuesta convencer a la gente que compre algo, que la gente no tiene dinero, a veces la gente no compra, o que conseguir el dinero no es fácil. En fin, para cuando llegó el día de la coronación, me di cuenta de que solo había recolectado 300 colones y me puse a llorar porque pensé que no ganaría, pero al final gané porque mi abuela puso el resto. Yo ahora sé que ella quiso un bien para mí y solo quiso enseñarme a no tener pena y socializar con más gente, pero no sabe todo lo negativo que me quedó de esa experiencia. Como resultado, en mi vida adulta yo sentía que era necesario tener dos trabajos, creía que no podía generar suficiente dinero y me llevó a trabajar horas extras. Yo en mi mente pensaba que solo así haría dinero, más no sabía que lo podría hacer usando mis talentos, con mi creatividad, como lo hago ahora, sin trabajar físicamente, además que adoro mi trabajo. Cuando me di cuenta de que yo llevaba este patrón desde la infancia, me desprogramé y fue cuando tuve una sensación de confianza en sentir que podía ser una gran hipnoterapeuta. Parte de mi proceso consistió en escuchar audios con las siguientes programaciones, "Puedo trabajar con mis talentos", "Soy mi propia jefa," "Tengo siempre suficiente dinero," "Soy una excelente hipnoterapeuta," y en ocho meses dejé mi trabajo del hotel y me estaba dedicando a lo que más amo hacer, la Hipnoterapia.

## Reducción del Estrés

Como ya te lo he contado antes, por mi trabajo tan estresante no me quedaba energía ni tiempo para poder pensar en mis sueños, tenía solo en la mente trabajar duro y hacer dinero porque nadie me ha dado un centavo para llegar donde estoy ahora. Salí de mi país a los 18 años dejando un hijo pequeño que luego traje conmigo. El estrés me estaba matando literalmente, y no dedicaba tiempo suficiente para mejorar mi salud mental, desgraciadamente esto lo veo a diario en mis consultas, mucha gente que desea hacer terapias me dice que el problema no ha sido la falta de dinero si no, más bien es por falta de tiempo. La gente debe de saber que dos horas de terapia le pueden cambiar la vida, si lo supieran no dudarían en quitarle el amor a medio tiempo de trabajo para sanarse. Es como si las personas sienten que por dejar de trabajar un par de horas menos o medio día se harán más pobres, es increíble como personas se bloquean tan rápido con sus metas y sueños, quieren tomar mis clases y dicen que no pueden porque el horario de su trabajo no se los permite, porque las clases comienzan muy tarde, o porque les queda lejos. Cuando en realidad se quiere hacer un cambio, las personas hacen el mayor esfuerzo para hacerlo, yo he tenido alumnos que han venido por dos años todos los viernes o jueves desde los Ángeles, California, manejando seis horas de venida y seis horas de regreso. Ellos lo hacían porque no había escuela allá como la de nosotros, una de las mejores en Estados Unidos, y la única que certifica profesionalmente con horas de educación continua en Español, hasta 300 horas CE. Si eres de esas personas que se ponen límites sin antes de analizar tu problemática, ten cuidado, ya que son las malas programaciones ocultas en tu subconsciente las que no te permiten aspirar a algo mejor.

Estoy segura de que si les pudiera enseñar a esas personas a través de una bola de cristal como la vida les puede cambiar al tomar terapia o clases, jamás dudarían ni un segundo en invertir su tiempo y dinero para hacer un cambio positivo. Sí nos ponemos a analizar la inversión, a la larga ni caro sale, ya que es más caro no tener estabilidad emocional, y sufrir las consecuencias graves que trae el no sentirse pleno, cosa que puede llevar hasta la enfermedad.

## Falta de Disciplina

Es aquí donde entra la estrategia de organizarse, pero cuando no la tienes desde pequeño, entonces eso se hace difícil y muchos buscan el coaching y pagan grandes sumas de dinero para que alguien les dé la estrategia de cómo hacer las cosas organizadamente. En la mayoría de los casos que yo he visto, las personas no leen, no usan el criterio propio, y alguien les tiene que motivar porque están faltos de autoestima. He tenido muchos alumnos que son mentores o asesores de negocios, y han intentado muchas cosas para ser exitosos en sus prácticas ya que sabían la teoría y tenían mucha creatividad, pero no tenían una desprogramación mental de tantas historias, lealtades familiares, y creencias. Ellos lograron un giro positivo a su vida laboral y comenzaron a tener éxito una vez que hicieron sesiones de Hipnoterapia o la practicaron en clases. Es posible programar la disciplina mediante la Hipnoterapia, y una vez que se logra se puede pasar a la acción de ejecutar las estrategias aprendidas.

El coaching me parece extraordinario, pero es una herramienta aún más poderosa cuando se desprograma con la Hipnoterapia. Cuando me certifiqué con la filosofía de Louise Hay en el 2014 en San Diego, California, también tomé la certificación de coaching, la de negocios, y el coaching para trabajar con adolescentes, las cuales han sido una herramienta que sumo con las sesiones de Hipnoterapia. Yo aplico primero la Hipnoterapia y después el coaching, ya que si queremos que entre la luz a nuestras vidas primero hay que sacar la oscuridad. La Hipnoterapia barre con la basura para darle espacio a que entre todo lo bueno y maravilloso que el universo tiene para cada uno de nosotros.

## Malos Hábitos Alimenticios

Recientemente me he graduado como coach de nutrición holística y lo he sumado la lista de herramientas que integro a mis sesiones de Hipnoterapia. Me di cuenta de que la relación con la comida es responsable por el 50% de nuestra energía, claridad mental, concentración, y la creatividad que influye para poder realizar nuestras metas. Me preocupa la mala relación con la alimentación que los latinos tienen, en especial los jóvenes y los niños porque están siguiendo patrones culturales, sociales, y familiares. Ha sido totalmente increíble ver como en muchos de mis casos de terapia y de alumnos han podido activar sus talentos, logrando hacer lo que aman simplemente desprogramándose hábitos alimenticios, trabajando en su autoestima y reducción de estrés. Ponte a pensar por un momento en las siguientes preguntas ya que todo esto realmente influye y es una gran parte para lograr despertar la creatividad:

¿Qué harías si tuvieras más energía?
¿Qué hicieras si te sintieras con una autoestima elevada?
¿Qué sentirías si te vieras más joven y delgado?
¿Qué harías si tuvieras más motivación?

Un día, una clienta que trabajaba en el mundo de la moda y presentaba un cuadro de acné y sobre peso, me decía que en ese mundo la mayoría de las mujeres son guapas y delgadas. Ella se lamentaba porque se sentía fea y no quería salir en redes sociales. Una vez que terminó de contarme sus aflicciones yo le pedí que me demostrara como vendería la chaqueta que yo llevaba puesta, ella se paró y comenzó a actuar como si estuviera grabando un Reel de Instagram. Mientras ella hacía la demostración, yo me quedé con la boca abierta de ver cómo se le iluminaba la cara, una vez que terminó le dije que yo le compraría cualquier producto porque tenía un gran poder de convencimiento. Además, pude darme cuenta de que lo hacía con pasión, muy al contrario de otras personas que he visto en redes y que se les ve la desesperación por vender. Sin embargo, ella no se creía capaz de hacerlo y ese era un talento que tenía abandonado. Desafortunadamente, ella no pudo hacer las terapias conmigo porque se mudó de estado y era una de esas personas que no podían dejar de trabajar y sacar el tiempo para dedicarse a ella. Yo no supe más de ella, pero siempre pienso que si se hubiera tomado el tiempo para trabajar en su autoestima podría haber llegado a ser una gran influencer de la moda, yo espero que lo haya hecho en algún otro lado y que ahora lo esté logrando porque tiene un gran talento.

## Lealtades Familiares

Las lealtades familiares influyen en el desarrollo del ser humano, en especial cuando vemos que en la familia corren patrones, como por ejemplo cuando en una familia todos son talentosos y nadie genera suficiente dinero, o cuando un hijo dice que no estudia porque alguno de los padres tampoco lo hizo. También una de las más comunes entre las mujeres es que ellas dedican las tareas del hogar porque así se ha hecho por generaciones en su familia. Otra lealtad común en los hombres es no dejar trabajar a las mujeres fuera de casa. Aunque las lealtades influyen a veces, estas se pueden cortar una vez que las reconoces y las desprogramas con la Hipnoterapia. Hoy en día sabemos que la mente es muy poderosa, y solo basta con querer cortar con esas lealtades y tener la disposición de no repetir los patrones negativos de tus ancestros. Ellos estarán orgullosos de ti dondequiera que estén porque cuando se tienen hijos el propósito de la vida es que ellos se conviertan en adultos felices, y logren ser mejores que los padres, así es como se logra la maravilla de romper cadenas.

## Karma

La palabra Karma significa causa y efecto, algunas veces el bloqueo de la creatividad puede venir de información de otras vidas, es decir de otra encarnación de otra época y tiempo. Esto es algo que evaluamos en la consulta inicial o sale dentro de las terapias cuando usamos la técnica de Espacios Entre Vidas en donde le preguntamos al subconsciente y al alma por alguna información que se necesita saber para desbloquear la creatividad. Por ejemplo, una vez un alumno logró remontarse a una de sus vidas pasadas durante una sesión de Hipnoterapia y me comentó que su bloqueo de creatividad era causado por el abuso de poder que ejerció mientras fue militar. Él dijo que en esta vida no podía obtener un título porque si lo hacía activaría ese abuso de poder, y su alma debía aprender a hacer humilde. A esta encrucijada yo le contesté que eso no significaba que tenía que quedarse así, podría educarse sin dejar de ser humilde. En la sesión sanamos y liberamos esa energía bloqueada para luego perdonarse, después de esa sesión esa persona logró establecer una cadena de restaurantes exitosos y esto abrió la puerta a que el dinero fluyera libremente en su vida.

Otro ejemplo es el de otra alumna que venía a clases con el problema de no saber cuál era su talento. Ella tenía un trabajo donde no le pagaban lo justo, durante la práctica en clase de la creatividad se fue a una vida pasada en donde tenía dinero, pero bebía alcohol y usaba drogas. En esa vida ella murió de unas sobre dosis, y como consecuencia en esta vida le costaba generar dinero. La información que su alma nos dio fue que sentía que si tenía dinero podía volver a usarlo para hacerse daño. Como desde allí venía su bloqueo de la creatividad, tuvimos que sanar eso, una vez liberada la energía y la información de su subconsciente, ella consiguió un mejor trabajo, pudo pagar sus deudas, estudiar inglés, y ahora tiene una guardería de niños y ama lo que hace.

Como podemos entender en este punto hay que evaluar situaciones en nuestras vidas para determinar en qué parte se necesita trabajar. Ya hemos comprobado que la Hipnoterapia funciona y debemos de comenzar a promover todos esos talentos que tienes para la humanidad. Todos merecemos hacer lo que más nos guste y vivir de nuestros talentos, porque el planeta y los humanos necesitamos ser felices, para nuestro beneficio y el de nuestras generaciones. Hemos estado buscando la felicidad de una forma errónea, sin embargo, ya poseemos el conocimiento para darnos cuenta de que es lo que no nos está funcionando. Quiero invitarte a corregir tu programación mental, y ejercer una nueva fórmula, que, si la pruebas y la aplicas, serás sumamente pleno en tu misión laboral.

**Fórmula incorrecta:** Trabajar duro= dinero=felicidad
**Fórmula correcta:** Felicidad = genera creatividad y alto rendimiento= dinero

En pocas palabras, una persona que ama lo que hace es más productivo y su rendimiento es más elevado porque disfruta su trabajo. Eso lo lleva a generar dinero porque es creativo, por el contrario, una persona que trabaja duro puede producir dinero, pero cuando quiere ser feliz, ya sufre de enfermedades, sus hijos están descuidados, y su matrimonio está acabado ¿Cuál fórmula deseas tú?

*"Un adulto creativo, es un niño que ha sobrevivido y si no sobrevivió tiene que sanar para crear la vida deseada."*
—*Isabela Owl-Tena*

*CAPÍTULO 17*

# EL APRENDIZAJE Y LA MEMORIA

Hoy en día, son cada vez más las personas que tienen problemas de retención de memoria, problemas de aprendizaje, y de absorber información. En mis sesiones un 50% son personas jóvenes como adolescentes que tienen problemas de aprendizaje, y el otro 50% son adultos. Con lo que llevo de experiencia puedo decir que el problema de retención de memoria se debe a varios motivos como:

- Baja autoestima
- Estrés
- Falta de motivación
- Falta de disciplina
- Consumo de drogas o medicamentos
- Malos hábitos alimenticios

## Baja Autoestima

Como ya lo he mencionado en capítulos anteriores, la baja autoestima es un problema emocional que desestabiliza el cuerpo y la mente. Esta juega un factor esencial en el desarrollo del ser humano y cuando está ausente afecta el estado físico y mental de las personas. En el caso de adolescentes el problema de retención de memoria está muy marcado e influye en dos aspectos tanto internos que son de la casa de crianza, como externos que es con el mundo que se rodean. En el caso interno, el hecho que tengan una familia donde hay estrés, violencia, o ausencia de los padres, ya sea porque trabajan mucho, o porque simplemente ellos son ausentes, genera ansiedad en ellos, y eso forma un tema de preocupación, aún recuerdo uno de mis clientes adolescentes quien me dio una gran lección en consulta. Les comparto su historia, ya que es un ejemplo complejo donde se presentan todos los factores antes mencionados.

## Nada es lo que Parece

La madre de este joven lo trajo a mi consultorio porque fumaba marihuana y no tenía buenas notas en la escuela. Ella me decía que no encontraba razón alguna para el comportamiento que su hijo estaba demostrando, decía que le proveía lo necesario, él tenía una casa, un cuarto propio, y tenía suficiente dinero para darle todo lo que él quisiera, pero no lo haría si él a cambio no sacaba buenas notas y dejaba la marihuana. Ella me contó que vivía sola porque no tenía marido, y su pareja actual no vivía con ellos, me hizo la observación de que su hijo no tenía problemas porque no tenía responsabilidades en casa como, cuidar hermanos, o hacer limpieza, la única obligación que tenía era estudiar, así que no encontraba la razón del porqué su hijo usaba drogas, si a su ver, él tenía una vida fácil.

## Factor Estrés

Cuando yo entrevisté al hijo, le pregunté sobre lo qué le estresaba en su vida y él me dijo que a él le preocupaba mucho no tener novia, el tener acné, y que el novio de su mamá no formalizara la relación después de haber estado juntos por tres años. Decía que tenía miedo de que la pareja de su madre solo estuviera jugando con ella, también le daba miedo el no tener claro cuáles eran sus planes a futuro porque no tenía intenciones de hacer una carrera universitaria después de terminar la high school. A él le estresaba la inestabilidad familiar, los problemas emocionales de sus amigos, y su dependencia a la marihuana. Cuando él terminó de contarme su lista de problemas, hasta yo sentía cómo el estrés recorría mi cuerpo, porque pude conectar con lo que estaba diciendo, y me preocupaba que la madre no reconociera la problemática tan compleja de su hijo. Yo le pregunté si ya le había contado a su madre las cosas que lo afligían, a lo que él me respondió que sí, pero ella no las reconocía como un problema, ya que no le afectaban a ella directamente. Aunque es difícil simpatizar con la respuesta de la madre, cabe notar que hay muchas madres latinas que piensan que un hijo no tiene estrés tan solo porque no tiene problemas económicos.

**Problemática Múltiple**

Este chico que tenía 16 años cuando comenzó su terapia conmigo, presentaba todo lo que implica el problema de retención de memoria. Él tenía baja autoestima porque la madre lo miraba como un bebé, un inútil incapaz de valerse por sí mismo, cuando él hablaba de trabajar sin estudiar la madre le decía que era un idiota, y que eso jamás le daría dinero. Tenía falta de motivación porque no sabía que quería de la vida, no había reconocido sus talentos, y cuando le hablaba a la madre sobre los negocios que él quería hacer recibía maltratos psicológicos cargados de negatividad, no tenía una meta clara de saber para qué estaba estudiando porque no se le había estimulado en esa área. Él consumía marihuana por estrés, por lo tanto, tenía problemas con drogas porque no sabía lo dañino que era el consumo diario que adormecía sus emociones. También tenía problemas con la falta de disciplina, pues de niño se crio con niñeras porque la madre siempre trabajaba y viajaba. En consecuencia, él hacía lo que quería de niño y nunca se acostumbró a horarios, nadie le puso metas que cumplir, y por esa razón se mostraba rebelde en la adolescencia.

Después de haber escuchado parte de la historia del chico, no me fue difícil deducir que también tenía malos hábitos de alimentación. Decía que no le daba hambre cuando se levantaba porque consumía marihuana por las noches. Él comía mucho antes de dormir y no le daba apetito al levantarse, comía hasta el medio día durante la hora del almuerzo en la escuela, y se saltaba el desayuno, lo cual es esencial esa edad. Su dieta era una bomba de azúcar y harinas refinadas que consistía en café, pan, cereal con leche, chips, hot dogs, y hamburguesas. No había forma que este chico se alimentara de manera nutritiva por más dinero que la madre le daba, también era adicto a la mala comida con un índice bajo en nutrientes.

Está claro que el comportamiento del joven solo era el resultado de la relación disfuncional de la familia y la falta de empatía de la madre que no daba tregua a que el hijo expresara sus emociones, se hacía solo lo que ella decía y punto. Muchas veces pensamos que los menores no tienen el mismo estrés que tienen los adultos, pero es todo lo contrario, muchas veces el nivel de estrés que ellos experimentan puede ser más elevado que el de un adulto. En este caso la madre también necesitaba asistir a terapia, pero ella se negó diciendo que yo estaba equivocada. Según ella, sabía cómo educar a su hijo, pensaba que su problema se resolvería haciéndole hipnosis, y cambiándole el chip de la cabeza. De inmediato le dije que no podía ayudar a su hijo porque él no tenía ninguna motivación interna para cambiar, que más bien era una presión externa que lo afectaba, y la hipnosis no funcionaria. Ella tenía la impresión de que por el hecho de pagarme una terapia yo lo hipnotizaría y como por arte de magia todos sus problemas estarían resueltos una vez que él despertara, pero la Hipnoterapia no trabaja así. Este es un proceso gradual, 100% terapéutico, el cual se basa en la conversación, y los protocolos correspondientes que se aplican a través de la terapia.

Creo que no es sorpresa mencionar que la madre jamás volvió a traer a su hijo a mi consultorio. Con el tiempo conocí a un compañero de clase del joven, quien me informó que el chico se había ido a Boston a trabajar, que se había enamorado, había puesto un negocio de marketing sin haber cursado la universidad, y que le estaba yendo fenomenal. Me alegro de que él haya llegado a la mayoría de edad, que haya buscado su pasión, y sobre todo que se haya alejado de la madre, que era bastante controladora y tóxica. A veces esas distancias ayudan más que las cercanías llenas de estrés. No todas las personas en la misma situación corren con la suerte de este chico, porque a veces la toxicidad de los padres empuja a que los hijos recurran a las drogas o al alcohol para hacer frente a los problemas.

A través de esta historia reconocemos como la retención de información es afectada por la baja autoestima, el estrés, la falta de motivación, de disciplina, los malos hábitos alimenticios, y el consumo de drogas o medicamentos. Ahora es tu turno reconocer que factores están influyendo en que tú tengas falta de retención de memoria. En el siguiente espacio marca los factores que apliquen en tu vida.

| Factores | Si | No |
|---|---|---|
| Baja autoestima | ○ | ○ |
| Estrés | ○ | ○ |
| Falta de motivación | ○ | ○ |
| Falta de disciplina | ○ | ○ |
| Malos hábitos alimenticios | ○ | ○ |
| Consumo de alcohol, drogas, o medicamentos | ○ | ○ |

Si has marcado dos o más factores, es posible que alguno esté afectando tu memoria, la buena noticia es que con la Hipnoterapia se puede trabajar. El ejemplo del chico no es un ejemplo exitoso que se resolvió con mis consultas o clases, como ha sido el caso de las otras historias que se han presentado en este libro, pero, aun así, quise presentarlo porque tenemos que hacer consciencia de que la dinámica de los padres afecta la comunicación entre los hijos para bien o para mal.

Los adolescentes han sido de una gran ayuda para mí, me han ayudado a entender que los hijos, tienen una mente propia, y es muy diferente a la de los padres. En mi caso tengo la ventaja de estar en la línea de los Milenials, pues nací en los 80s y eso me hace muy cercana a la manera de pensar de ellos. Puedo decir que tengo muchos casos de éxito con adolescentes, y un ingrediente de ese éxito se debe a los padres que contribuyeron conmigo cambiando la manera de hablar y la dinámica familiar. Por último, quiero enfatizar que no se puede trabajar cuando hay alguien que no se abre a la posibilidad de aceptar sus errores. Y como dijo

Platón, "Aprender consiste únicamente en descubrir lo que ya sabemos," solo es cuestión de reconocer nuestros talentos, apoyar si nos es posible, o buscar apoyo si lo necesitamos.

*"Todo es un programa, y todo programa se puede desprogramar." — Isabela Owl-Tena*

*CAPÍTULO 18*

# LA HIPNOTERAPIA Y EL ÉXITO EN EL DEPORTE

Hoy en día, la Hipnoterapia o hipnosis terapéutica dentro del deporte se vuelve más popular a pasos agigantados. Una de las razones es porque tenemos más acceso a la información a través de la tecnología, las redes sociales, libros, videos, pódcast, etc. Se sabe qué deportistas famosos la han utilizado para mejorar su rendimiento, por ejemplo, el boxeador británico Glen Catley acudió a sesiones de hipnosis antes de sus peleas y esto contribuyó a que llegara a ser campeón mundial de peso mediano en el año 2000. Ander Mirambell, de origen español, que tiene una gran trayectoria y quien fue el primero en llevar a su país a participar en el deporte Skeleton, mencionó que tuvo sesiones de hipnosis para aliviar su dolor de espalda y mejorar su desempeño deportivo. El deportista austriaco Felix Baumgartner dijo que la hipnosis le ayudó a reducir la ansiedad que le ocasionaba pensar cuando dio el salto desde la estratosfera en el 2012 y que fue capaz de batir tres récords mundiales (que fueron superados después por otros). El golfista Tiger Woods hizo sesiones de hipnosis desde su adolescencia para enfocarse en el deporte alejándose de las distracciones. También el futbolista David Beckham ha dicho que la Hipnoterapia le ayudó a mantener su rendimiento deportivo mientras pasaba por una situación personal difícil durante su etapa como atleta profesional. Algunos de los jugadores de la selección mexicana de Fútbol, han recibido sesiones de hipnosis para mejorar su rendimiento deportivo, sería bueno si todos los miembros sin excepción lo hicieran, realmente hubiera resultados más efectivos, pero cuando solo algunos lo hacen no es recomendable porque no se ponen en la misma sintonía.

No olvidemos que Mary Lou Retton, gimnasta y ganadora de la medalla de oro, fue una de las personas que puso la hipnosis terapéutica de moda. En el año 1984, la revista Times publicó en uno de sus artículos que la gimnasta hacia un ritual antes de presentar sus rutinas, solo que en ese entonces le llamaban conjuro. En realidad, ella usaba la autohipnosis y se visualizaba ejecutando todos los movimientos, se imaginaba superando todos los obstáculos, y recordemos que en capítulos anteriores ya he mencionado que la célula copia lo que la mente imagina y lo lleva al cuerpo para codificarlo.

Los psicólogos deportivos dicen que el 80 y 90% del desempeño deportivo está en la mente. Hemos visto personas deportistas ser campeones a pesar de que les faltan partes de su cuerpo, otros que han llegado a ser unos grandes atletas aun con sus discapacidades mentales, y la mayoría de ellos tienen en común que usan la mente con la hipnosis. Una vez que conoces la historia de cada uno de ellos, es maravilloso darse cuenta del tesoro que tenemos que es nuestro cerebro y todo lo que puede hacer por nosotros.

La Hipnoterapia para el éxito en el deporte se basa en apoyarte a programar:

- Elevar tu autoestima
- Mejorar la flexibilidad para evitar o reducir dolores físicos
- Mejorar una técnica y hacerla aún más efectiva
- Aumentar la agilidad
- Reducir el estrés

Trabajar en las recompensas que ese deporte te dará tanto físico, emocional, y monetario si es el caso.

Las emociones juegan un papel importante cuando se trata del deporte, y el éxito para hacerlo a nivel profesional o cuando se trata de lograr tu figura ideal. Este tema de la Hipnoterapia me apasiona tanto porque he ayudado a muchos chicos a lograr metas en el deporte, y también a adultos a encontrar la pasión por poner activo su cuerpo, ya que es sumamente importante para la salud en general. En Estados Unidos los jóvenes adolescentes pueden obtener becas a través del deporte y para los padres es un gran apoyo económico para los gastos de la universidad. A ellos les beneficia mucho la Hipnoterapia cuando pueden enfocarse en el deporte y desenvolverse como atletas profesionales.

Los factores que influyen a que una persona no rinda en el deporte, falle, o simplemente no tenga actividad física y que se pueden desprogramar dentro de sesiones de Hipnoterapia son:

- Miedo al fracaso
- Miedo a ser humillado
- Miedo a competir
- Sentimientos de baja autoestima
- Creencias limitantes
- Síntomas físicos durante o antes de la actividad física
- Síntomas físicos después de la actividad física

Si te pasa esto o conoces a alguien que lo tenga, ¿Te imaginas que pasaría contigo o con esa persona si pudiera eliminar todos o algunos de estos puntos?, ¿De qué sería capaz?, ¿Que podría lograr?, ¿A dónde llegaría esa persona?, ¿Cómo sería su energía?, ¿Cómo se miraría su cuerpo, y como se sentiría a nivel de autoestima?

En los ejemplos que puse de los deportistas famosos vemos que para algunos les ayudó en su rendimiento físico, en temas personales, en alcanzar metas, aliviar dolores físicos, y sobre todo a no distraerse con factores externos. Cada día vemos que trabajar en nuestra mente no es un lujo, es una necesidad, hasta yo misma para escribir este libro me hice audios para mi creatividad, organización, y dedicación, no es relacionado con el deporte, pero quiero que sepas que sirve si queremos alcanzar el éxito en cualquier área de nuestras vidas.

La Hipnoterapia y la actividad física van ligados con el tema de salud, a mí me buscan muchas personas para que les ayude a programar su mente con el objetivo de estar más saludables. Algunos buscan la motivación para ir al gimnasio, otros para poder rendir más en algún deporte nuevo, e incluso para lograr hacer posturas de yoga que se ven sumamente difícil. Todos ellos han logrado su objetivo en poco tiempo, sin importar el peso, o la edad, porque la mente es así de poderosa.

Como carrera profesional dedicarse a este tema involucra todos los temas mencionados porque cuando hay un efecto es porque hay una causa, es allí donde se tiene que comenzar a trabajar para los resultados deseados. Así que, si deseas transformar tu cuerpo, o ayudar a otros en sus éxitos deportivos la Hipnoterapia sería una buena opción ya que en el primer nivel de Hipnoterapia 101 se incluye todos los temas mencionados en este libro. Asimismo, se trabaja con cada persona que llega a nuestras consultas, es por eso que se le llama terapia holística que involucra mente, cuerpo, emociones y el alma.

Al final del libro encontrarás uno de mis testimonios de éxito laboral, en él se encuentran las opiniones de algunas de las personas que han estudiado conmigo, se han certificado y ahora lo ejercen a nivel profesional. Entre ellos encontrarás el nombre de Sofía Órnelas, quien tiene un testimonio profesional de Hipnoterapia y el deporte. Con Sofía tendremos una entrevista que pronto estará en mis redes sociales, mi canal de YouTube, en el pódcast de Mundo Holístico USA, y en Spotify. De igual manera, se hará con cada uno de los testimonios que aparecen al final.

*"Los buenos hábitos y las motivaciones programadas en la mente subconsciente te llevan al éxito"—Isabela Owl-Tena*

*CAPÍTULO 19*

# LA SANACIÓN DEL NIÑO INTERIOR

Hay una realidad que hoy en día se ha comprobado con numerosos estudios, tanto psicológicos, científicos, y cuánticos, que cerrar ciclos del pasado mejora la salud en general. En los adultos también ayuda a alinear la edad cronológica y emocional. Los problemas de pareja son una enorme prueba de los problemas que jamás se trataron y que se fueron haciendo grandes, provocando trastornos de personalidad, inmadurez, actitudes, programaciones mentales, hábitos, y emociones tóxicas. Cuando las personas deciden comenzar una vida juntos, estos problemas se llevan cargando a la vida de pareja, veamos un caso en el cual se usarán nombres ficticios.

**Relaciones Toxicas**

Paco de 38 años y Ana de 36, se enamoraron en la juventud, emigraron a USA, han trabajado duro, y tuvieron tres hijos. Cuando llegaron a consulta conmigo ellos pasaban por una crisis matrimonial porque Paco había sido infiel. Obviamente, Ana estaba devastada, y Paco se sentía culpable, al parecer no era la primera vez, ya que había pasado en varias ocasiones. Ella estaba muy dolida porque había encontrado unos mensajes en los que él admitía que ya había sentimientos involucrados donde él le decía a la otra persona, te quiero, te extraño, etc.

Cuando les pregunté sobre su infancia por separado, Ana me decía que creció en una familia disfuncional donde el padre era alcohólico, la madre sumisa, y había mucha violencia. Paco, por su lado, creció en una familia también disfuncional, donde el padre era mujeriego, la madre callaba porque no tenía poder económico, y le preocupaba mucho la opinión de las otras personas. Es tan fácil para mí como en una consulta inicial se descubren los programas mentales que se traen desde la niñez, y cuáles son los efectos que se dan en la etapa del adulto. Tanto Paco como Ana se amaban, pero no sabían del porqué actuaban así, y ambos querían salvar su matrimonio.

Ana en sus consultas recibió sesiones de Hipnoterapia para sacar el dolor emocional, sesiones de regresiones para su niña interior que la encontró con rabia hacia su padre por no haberle dado amor y por preferir el alcohol. Cuando ella era pequeña constantemente se repetía, que jamás se casaría con un hombre con vicios y efectivamente lo cumplió, Paco no bebía ni una gota de alcohol, pero era infiel constantemente. La emoción que refleja la problemática de Ana es frustración frente a diferentes situaciones, una con el papá y la otra con el esposo, por eso aquí cabe mencionar la Ley del Espejo, que dice que lo que no has resuelto desde el subconsciente, el universo te pondrá formas de recordar lo que no has sanado. En otras ocasiones Ana encontró a su niña interior llorando porque su mamá se quejaba de no tener dinero para los cuadernos y uniformes del colegio y ahí Ana aprendió a trabajar duro para no padecer carencias de dinero el día que ella tuviera hijos. Ella aprendió a no depender financieramente de los hombres, lo que también había creado en Ana una ansiedad por ganar dinero, ella maquillaba, vendía comida, zapatos, y eso hacía que Ana pasara horas en su celular sin atender a su familia ni a ella misma, y como consecuencia había subido mucho de peso. Las terapias de Ana consistían en usar técnicas como la intervención de metáfora, GEMT (Tapping regresivo), y también usamos técnicas de Hipnosis Ericksoniana hasta que se perdonó a sí misma, perdonó a su padre, a su madre, y logró desprogramar esas creencias negativas hacia los hombres.

Asimismo, Paco experimentó cambios de conducta positivos porque él también hizo sesiones de Hipnoterapia conmigo. Durante sus consultas seguimos el mismo procedimiento que usé con Ana, sesiones de sanar su niño interior con los pasos que lleva la técnica, balancear los hemisferios cerebrales, regresiones, escenarios específicos, y hasta le tocó una regresión a vidas pasadas. Paco encontró a su niño interior hablando con su papá donde le decía que las mujeres solo eran para estar en casa, que no servían para otra cosa, y por eso trataba a su madre como una basura. También encontró que su papá le pegaba mucho y lo obligaba a hacer las cosas hasta que quedaran perfectas, encontraba a su mamá todo el día cocinando porque eran varios hijos y todos varones. Su mamá vivía pidiéndole que no le dijera a nadie que su papá tenía otra mujer porque sería ella quien sufriera las consecuencias, además que le causaba mucha vergüenza, y por eso el niño prefería callar.

En este caso vemos cómo era normal para Paco que la mujer

aceptara infidelidades solo por mantener el puesto de la señora de la casa, y para lo que la mente es normal desde niño jamás reconocerá que es un error. Él encontró a su papá que no le daba valor a la mujer más que para tener hijos, para Paco la mujer era de la casa y eso es lo que buscaba en sus amantes. Él prefería que ellas no hicieran nada cuando él las visitaba, les exigía que le brindaran toda su atención y casualmente se buscaba mujeres que trabajaban en la cocina, como chef, cocineras, etc.

Tanto Ana como Paco, lograron sanar y se dieron cuenta del daño que se causaban con sus programas mentales y el ego que no los dejaba aceptar sus errores. Finalmente, hicieron un pacto que cambiaría sus actitudes, ella sanó su obsesión por trabajar tanto y pudieron arreglar sus diferencias, aparte que hacen una pareja excepcional. Ellos aún están juntos, gozando de su relación porque sus hijos ya están grandes y están ocupados haciendo sus vidas, mientras ellos disfrutan de una cadena de restaurantes propios, y ya están por abrir el tercero.

En mis sesiones de hipnoterapia se aplica todo lo que aprendemos en los cinco niveles, desde Hipnoterapia 101, Hipnoterapia avanzada, Hipnoterapia clínica, Hipnoterapia Médica, y el Master Programa haciendo un total de 300 horas certificadas con créditos de horas de educación continua.

Eventualmente, en mis próximos libros, uno de ellos será dedicado a la sanación del niño interior a través de la intervención de metáfora a lo que yo le llamo Cirugía del Aura y del Alma.

*"Un niño herido en su infancia, es un adulto que no se adapta a los desafíos de la vida."—Isabela Owl-Tena*

*CAPÍTULO 20*

# LA TERAPIA REGRESIVA

La terapia regresiva es extensa de explicar, pero es una parte esencial de las sesiones de hipnoterapia, podría decirse que son primas hermanas, así que vamos a definir qué es y que no es.

## ¿Qué es la terapia regresiva?

Es una técnica que se trabaja desde ondas theta y en algunas veces desde beta o alfa, que incluso lleva a recordar el origen donde inicia una percepción o programación mental. Esta programación puede ser tanto positiva como negativa.

## ¿Para qué sirve?

Sirve para descodificar el origen de un programa mental negativo.

## ¿Qué tipos de regresiones existen?

Existen las regresiones de edad (cualquier edad), a la niñez, al momento del nacimiento, momento intrauterino, momento de la concepción, espacio entre vidas, vidas anteriores o pasadas (Hablando de otra encarnación), a vidas pasadas de los ancestros (Reencarnación).

Cuando las personas me piden una terapia regresiva les digo al inicio que en una sola sesión no podrá sanar, ya que solo será para encontrar un origen, o tomar consciencia, pero no servirá para desprogramar la mente de un patrón, o una percepción. Para que pueda lograrlo se tiene que hacer un trabajo de seguimiento profundo con Hipnoterapia porque ambas herramientas son primas hermanas por decirlo así, metafóricamente hablando, es decir, se necesitan una con la otra.

Se ha sensacionalizado la terapia regresiva por distintos libros e información que existen en internet, en donde se pone como una solución mágica en una sola sesión cuando no es así. En algunas redes sociales, se pueden encontrar videos de casos de hipnosis muy sorprendentes, donde a simple vista se observa que el problema de la persona se logró solucionar en una sola sesión. Sin embargo, ese es solamente el inicio del proceso que tiene que llevar una persona durante una terapia regresiva, el cual lleva todo un seguimiento terapéutico adecuado para quitar el programa mental encontrado en dicha sesión. También existen esos casos de personas que dicen haber sido abducidos por extraterrestres, este es un tema muy largo de explicar, eventualmente aclararé los mitos que hay sobre ese tema, y el de las famosas puestas de chip que según se dice que seres de otro planeta les ponen a los humanos.

Gracias a tanta confusión, se ha matado el beneficio de sanar a través de la terapia regresiva, en donde le dan una falsa ilusión a las personas que les interesa saber quiénes fueron en una vida pasada cuando no pueden resolver su vida presente, y todos los traumas que tienen desde el momento de la concepción. Muchos de ellos vienen a mi consulta pidiéndome ayuda para saber si fueron Cleopatra, Hitler, Jesús, algún discípulo, reyes, reinas, etc. Nadie se pone a pensar que quizá fueron personas soberbias y ahora tienen que aprender a ser humildes, que fueron personas que abusaron del dinero y ahora les cuesta, o personas que fueron violadores que no pueden tener hijos en esta vida. Nadie se pone a pensar en estas cosas porque al ser humano le cuesta tomar responsabilidad y siempre es más fácil buscar culpables por fuera. Trato de ser profesional y ver a cada persona que llega a mi consulta como un ser humano que busca una ayuda para su alma, sin embargo, yo tengo que hablarles con la verdad y de manera profesional, sin venderles falsas ilusiones. No puedo extenderme en este tema, pero lo haré en uno de mis libros que será dedicado exclusivamente a la terapia regresiva, el libro estará disponible para el público y para profesionales que deseen saber más sobre este tema.

Somos seres viajeros en el tiempo, nuestra alma es eterna, el cuerpo es prestado, somos almas en evolución, y por cierto en América no tenemos creencias sobre otras vidas y los temas de reencarnación porque no es parte de nuestra religión con la que fuimos criados y la colonización no ayudo mucho a expandir la mente. Yo estudié Budismo de Daishonin Nicherin por 10 años, he investigado a la religión de los judíos estudiando Kabalah, la cultura egipcia por medio de estudios que tengo desde niña sobre los Rosacruces. También he viajado por el mundo y he visto otras maneras de ver la vida aprendiendo de culturas como la de Tailandia, Indonesia, y Egipto, en donde si tienen conocimiento extenso sobre la teoría que el alma viaja a través del tiempo en diferentes cuerpos para evolucionar y aprender. Sin embargo, pareciera que, en vez de evolucionar, en ciertos países es como si la sociedad estuviera involucionando, ya que cada día están más ajenas a los temas espirituales. En mi opinión, se necesita unir la mente y el corazón.

*"La energía ni se crea ni se destruye, solo se transforma."*
—Antoine Lavoisier

*CAPÍTULO 21*

# LA HIPNOTERAPIA APLICADA PARA DIFERENTES SITUACIONES

Quiero dejar claro una vez más que la Hipnoterapia no trata el problema y tampoco cura, porque quien hace eso es el cliente quién viene con la disposición de trabajar su mente subconsciente. En mis clases y consultas siempre manejo un dicho, "El hipnoterapeuta propone y el subconsciente del cliente dispone," a lo que me refiero es que durante las sesiones saldrán cosas que quizá el cliente no se acordaba, o no era consciente, y descubrirá el maravilloso mundo que existe dentro de su mente. Es fascinante ver como en cada sesión las personas van avanzando y son ellos los protagonistas de su sanación y uno como hipnoterapeuta solo es el guía que cuenta con las herramientas adecuadas para que lo puedan lograr. Siempre digo que la Hipnoterapia sirve para todo, pero no para tratar la enfermedad, más bien sirve para tratar la causa de origen emocional, energético, y del alma. Aunque cabe mencionar que cuando el efecto es físico, por ejemplo, un síntoma, o emoción, también es de origen emocional que fue causado al inicio por un estrés que no se gestionó de manera adecuada.

La hipnoterapia es aplicada en áreas como:

- El duelo y las pérdidas
- Insomnio (Técnicas aplicadas del curso de Hipnoterapia Clínica)
- Recuperación después de un accidente (Técnicas aplicadas del curso de Hipnoterapia Médica)
- Problemas de dinámicas familiares
- Enfermedades degenerativas y terminales
- Problemas de pareja
- Lealtades o karmas ancestrales

- Divorcio espiritual
- Preparar el alma de una persona para morir cerrando ciclos
- Para empresas exitosas y muchas áreas más.

Escribí este libro con la intención de mostrar al lector que todos los problemas antes mencionados pueden ser resueltos a través de la Hipnoterapia. Si estás interesado en expandir tu conocimiento en cada uno de los temas, la certificación de Hipnoterapia 101 es la base principal para todo lo que deseamos arreglar en nuestras vidas. Solo quiero recordarte que todos nosotros hemos sido programados por una sociedad, cultura, religión, estilos de vidas, temas ancestrales, y por experiencias negativas. No olvides que todo programa mental se puede desprogramar, es solo tu decisión que desees diseñar una vida propia.

*"La fluidez de la vida que todos deseamos se produce cuando el corazón, la cabeza, el sentimiento, y el pensamiento, se alinean. Se llama coherencia, permitiendo a un ser humano liberarse de cadenas."* —Isabela Owl-Tena

# CONCLUSIÓN

**Q**uiero darte las gracias a ti que te diste el tiempo de leer este libro y que quizá te identificaste con alguna de las historias presentadas, o pensaste en personas que pueden parecerse a los casos. Mi gran deseo y mensaje es que cada persona reflexione sobre la importancia de cuidar de nuestras emociones, que no pasemos toda la vida sin poder conocernos a nosotros mismos, sin descubrir nuestros talentos, y sobre todo a sanar para llevar menos cargas en la mochila que es el cuerpo. El sistema de salud no puede con todos los enfermos y con cada persona que tiene síntomas, ellos solo se encargan de darte una anestesia física, o emocional a un problema, pero no son responsables de que tú cambies tus actitudes, sanes tus emociones del pasado, o resuelvas conflictos personales, así que también tenemos que poner de nuestra parte y querernos más. Sé que también es difícil cuando sientes que los demás son el problema, pero también es un espejo que viene lleno de respuestas para tu evolución. Este es uno de muchos libros que estoy escribiendo y que hablaré de diferentes temas relacionados con la mente, emociones y espíritu porque los dos temas van de la mano. Si unimos todo esto será una gran toma de responsabilidad para el ser humano que nos llevará a una enorme evolución, ya que todo cambia, cambian y se mueven las estaciones del año, el clima, evoluciona la tecnología, la información, el físico de cada persona también cambia con los años. Entonces te pregunto ¿Tú porque no cambias?, ¿Por qué no evolucionas? Si tienes los mismos miedos, síntomas, carácter, actitudes desde hace mucho tiempo y después te preguntas, ¿Dónde está todo lo bueno para mí?, ¿Cuándo mi vida va a cambiar?

También mi mayor deseo con este libro es que dejemos de creer tonterías sobre la hipnosis, si es verdad que personas han ridiculizado el tema, pero hay que entender lo que es hipnosis y lo que es una sesión de Hipnoterapia profesional para que más personas se puedan beneficiar de esta herramienta maravillosa.

Las certificaciones de Hipnoterapia de 300 horas CE, las ofrezco por medio de una de las mejores escuelas de Hipnoterapia en Estados Unidos, Palo Alto School of Hypnotherapy, de donde yo me certifiqué. Después, en el año 2017, me contrataron para ser la instructora y luego pasé a ser la directora del programa en español, llevando el programa a otros países de forma presencial. También ofrecemos otras certificaciones como *Hipnosis Ericksoniana, Hipnosis para el Parto, Mindfullness*, GEMT "Tapping", Desarrollo de la intuición, como talleres de 8 y 16 horas con créditos de CE están disponibles. Para más información puedes visitar mi página www.mundoholisticousa.com y la página de la escuela www.pasoh.com

Ahora las clases también son virtuales, y este año 2022 la escuela fue escogida por la Universidad de San Diego, California, como una de las mejores para asociarse con nosotros. Ellos ofrecen un programa de hipnosis que se llama *LIGTH Ligth Induced Guided Healing Therapy*, que consiste en 40 horas de entrenamiento con bases científicas, a este programa solo pueden acceder personas con un mínimo de 200 horas de entrenamiento de educación continua, y por supuesto nosotros lo ofrecemos. Este programa estará pronto disponible en español, y seguro que pronto nuestras formaciones estén disponibles en universidades para que más profesionales apliquen esta herramienta tan importante para ayudar a nuestra humanidad que bastante lo necesita.

Si tu deseo es cambiar tu vida, estamos en Mundo Holístico USA, dispuestos a brindarte un servicio holístico para tu sanación y si deseas formarte profesionalmente en el campo de la Hipnoterapia a un nivel serio y supervisado, esta escuela PASOH es para ti.

Muchas gracias por leer mi libro y lo mejor que puedes hacer es regalarlo a otra persona, o dejarlo en un lugar público para que alguien más lo lea. Yo he hecho eso escribiendo un mensaje en la primera portada en donde pongo mi email y pido que si lo leyeron me escriban diciéndome en que les cambió la vida, y que me compartan esa historia. No sabes cómo he recibido correos desde que tengo esa práctica con libros que leo, ya que estando sentados en mi estante de libros no hacen nada, pero si alguien más lo lee y lo van rotando la información llegará a más personas.

*"El mundo necesita sanar y se empieza por uno mismo, solo faltas tú."* —Isabela Owl-Tena

# TESTIMONIOS

Los siguientes son testimonios de alumnos que han tomado las formaciones conmigo de manera presencial o en línea, tanto en las instalaciones de Palo Alto School of Hypnotherapy, en la ciudad de Palo Alto, California, México, Canadá, y en todo el mundo de manera online por medio de la plataforma de telecomunicaciones Zoom. Gracias a cada uno de ellos por haberse tomado el tiempo en escribir esas líneas sobre sus testimonios personales porque también son una luz para la humanidad, ayudando a más personas con esta herramienta de la Hipnoterapia como también con otras herramientas que han ido adquiriendo en su educación continua holística.

Me hubiera encantado ponerlos a todos porque desde el 2009 inicié dando clases hasta este año en que mi primer libro se publica, pero se nos haría una enciclopedia grande porque son muchos. Sin embargo, la mayoría han salido en mis videos de redes sociales, en las historias cuando tuve mi programa de radio por siete años era semana tras semanas presentando testimonios de alumnos y mis clientes tanto de terapias como en los talleres, así que el recorrido ha sido largo y extenso. Gracias a todos mis alumnos, exalumnos, clientes y participantes de mis talleres por sus palabras, la gratitud hacia mi persona, y las bendiciones que a diario me desean. Que el universo les multiplique todos sus deseos hacia mi persona.

**Espero que los siguientes testimonios sean de gran inspiración:**

❝Yo soy Elisama Cruz Romero, logré formarme profesionalmente como Psicóloga gracias a haber cursado la Maestría de Hipnoterapia en la Escuela de Palo Alto, California, bajo la tutela de la gran guía y maestra Isabela Owl. Toda la formación la hice entre Guadalajara y Puebla, ciudades a las que viajé para terminar hasta el Master Program en un periodo de tres años. Hoy tengo la posibilidad de enriquecer mis terapias en el consultorio y acompañar a más personas ayudándoles a encontrar esas programaciones que les han impedido superar situaciones de autoestima, sobrepeso, y crecimiento personal. Además, yo misma pude descubrir programaciones que ni siquiera sabía que tenía y que no eran mías, por ejemplo: mediante una regresión supe que ese dolor tan grande de separación y abandono que me producía el adiós de las personas no era mío sino de mi madre que me transmitió durante su embarazo. Después de haberlo sanado, ahora puedo despedirme sin sentir esa angustia y tristeza que antes me producía.

Tengo que mencionar que es muy gratificante ver el cambio en los rostros de mis consultantes cuando hemos reprogramado situaciones de infancia que les impedían sentirse satisfechos consigo mismos. También es gratificante ver que vayan logrando sus objetivos como tener un trabajo que deseaban, una pareja, o simplemente estar contentos con quienes son. Definitivamente, la Hipnoterapia es una herramienta maravillosa y valiosísima en los procesos del Desarrollo Humano.

Actualmente vivo y laboro en Metepec, Estado de México, mi centro se llama Enid Centro de Crecimiento Personal SC."

## Elisama Cruz Romero

> Metepec, Estado de México
> Mail: xophimi@hotmail.com
> Web: enid.mx

"Soy Paty Carrillo, y quiero compartirte como la Hipnoterapia cambió mi vida. Tengo una hija que nació con discapacidad en 2014, eso me llevó a una fuerte depresión, al no procesar ni vivir un duelo correctamente y, por lo tanto, a enfermarme al ser diagnosticada con varias enfermedades autoinmunes. Al día de hoy, estoy sana, feliz, y viviendo mi maternidad de una forma diferente, la Hipnoterapia me condujo a sanar mi mente, mi cuerpo, y mi alma, pero sobre todo a asentir mi vida con amor, dignidad, y felicidad, para acompañar a mi hija en este camino. Hoy somos una familia feliz, y así como yo he sanado, eso también se ha proyectado en ella y en su avance tanto por lo que yo he trabajado como lo que hacemos con ella en Hipnoterapia, que ha colaborado a la mejora de sus procesos cerebrales, de lenguaje, independencia, y de comportamiento.

Actualmente, me dedico a acompañar a las personas en sus procesos de auto sanación en la ciudad de Puebla y en el resto del mundo y del país en línea."

## Paty Carrillo

Puebla, México
Facebook: Paty Carrillo - Terapeuta Holística
WhatsApp al +521-222-421-8779
Web: www.patycarrillo.com

"Soy Sofía Munguía, hipnoterapeuta multidisciplinaria de la Ciudad de México y quiero compartir que la Hipnoterapia fue muy valiosa porque me ayudó a sanar muchas heridas de la infancia para evolucionar con madurez. Profesionalmente, descubrí una herramienta noble e infalible que me permitió englobar todas las técnicas que poseo (PNL, coaching, tanatología, aplicación mental o desarrollo humano, entre otras tantas) para acompañar a las personas en cualquier situación física, emocional o mental que estén enfrentando: depresión, duelo, o ansiedad; cáncer o discapacidad; rendimiento profesional, personal o deportivo y control de estrés o peso. Con la Hipnoterapia los puedo guiar de forma muy segura y eficaz para lograr resultados positivos y, sobre todo, que son de raíz, pues las personas no reinciden en aquello que han solucionado. Como terapeuta, me produce una gran satisfacción ver que las personas se sienten seguras, solucionan y sus vidas realmente mejoran. Puedo afirmar que mi vida es antes y después de la Hipnoterapia, ya que ahora vivo con plenitud, seguridad y cada día doy más pasos en mi evolución personal y profesional, pues es la herramienta que me permite ofrecer el acompañamiento humano que cada persona se merece para obtener resultados. Mi base es en ciudad de México y también en línea ayudando a personas y grupos."

## Sofía Munguía

Ciudad de México, México
Instagram: @coachsofiamunguia
Facebook: @hipnoterapeutacoachdevidapnl
Correo: sofisab071265@hotmail.com

WhatsApp: 544-599-2248
Blog: https://sofiamunguia.blogspot.com
YouTube: @sofiamunguiaterapeuta

"Mi nombre es Marilupe Fernández, y radico en Tabasco, México. Muchos años de mi vida, fueron dedicados a la Administración Pública, vivía en un estrés constante, que fue acrecentándose con el paso del tiempo y los matices en mi vida. Un día llegó a mí como alternativa todo lo relacionado con lo Holístico, pero también compromisos, y obligaciones que en ese tiempo me llevaron a situarme por decisión propia como la salvadora de muchos, sumando arquetipos a mi existencia, estaba a full y mi grado de estrés crecía como una gran bola de nieve.

En mi constante búsqueda un día vi anunciado la Hypnoterapy Palo Alto School, en donde la formación se daba en la ciudad de Cholula, Puebla, sin duda me inscribí y viajé para formarme por dos años, viajando cada seis meses hasta terminar el Master Program. Me voló la cabeza imaginando de nuevo la manera de solucionar y controlar situaciones que no me correspondían.

Fue así que llegó el gran acontecimiento, viajé hacia mi gran experiencia, pero también llevaba en mi saco emocional las palabras Mientras mamá no está, que después pasó a ser Mamá preparándose y que al final tuvo la gran transformación de Mamá voló.

Mi vida cambió después de la Hipnoterapia, mis pensamientos limitantes quedaron fuera, y aprendí a gestionar mis emociones, a saber, que cada uno es responsable de su vida y recuperé ese poder que siempre había estado guardado.

Sigo observándome diariamente, los elementos y la alquimia que se produjo en mí, realmente es mágica.

He tratado con éxito a personas de todo tipo, pero hay dos que produjeron que mi corazón se expandiera, ya que son seres con ganas de vivir, y de sanar, como aquella chica que, con su vientre completamente abierto, estando en temporada de pandemia, donde el dolor, la soledad y depresión hicieron de las suyas. Otra más que después de una operación en el cráneo quedó en una oscuridad total, y que después de dos sesiones empezó a ver la luz."

Hoy a través de este recorrido simplemente digo, "Gracias a Dios, Gracias Hipnoterapia," "Gracias Isa," "Gracias Palo Alto School of Hypnotherapy."

## Marilupe Fernández

> Tabasco, México
> Instagram: @marilupefernandezterapeuta
> Facebook: MarilupeFernandezTerapeuta

"Mi nombre es Maricel Charry me formé como Hipnoterapeuta certificada en la escuela de Palo Alto School of Hypnoterapy en el año 2018, en Quebec, Montreal, de manera presencial y alternando clases desde mi lugar de residencia, la ciudad de New York vía Zoom durante toda la capacitación. En un comienzo decidí estudiar Hipnoterapia con Isabela por la forma que ella explicaba, y daba herramientas para sanarnos en una plataforma de YouTube muy importante de España, La Caja de Pandora, con Luis Palacios. En el proceso de capacitación empecé a ver mis cambios, especialmente en mi autoestima lastimada, con los ojos que yo me miraba y especialmente en un ejercicio personalizado que Isabela hizo conmigo para el sobrepeso donde eliminé los chocolates y los dulces de mi dieta. Así me fui enamorando de esa maravillosa técnica terapéutica y comencé a ejercer tratando primero a personas allegadas, luego con amigas, hasta que comencé realmente con clientes reales aplicando las herramientas de Hipnoterapia. Después seguí en educación continua, formándome en Constelaciones Familiares, PNL, y las bases de la Biodescodificacion Transgeneracional, combinando la Hipnoterapia Clínica con las nuevas técnicas aprendidas. Hoy doy terapias presenciales y en línea en la ciudad de New York, y las personas que estén interesadas pueden contactarme."

## Maricel Charry

New York, USA
Correo: marychr29@hotmail.com
Tel: 347-615-5216

"Mi nombre es Carmen Andrea Fernández Loaiza. Todo comenzó en el año 2019, cuando mi matrimonio se acabó después de siete años de estar juntos y decidí mudarme a San Francisco, California para empezar una nueva historia. Lo que no sabía entonces es que esto me provocaría una gran transformación de cuerpo, mente, espíritu, y alma. Yo empecé a vivir procesos de adaptación, ya que no me gustaba que me mandaran, ni me dijeran que hacer, lo cual me llevo a frustrarme, y estresarme. Como yo era una persona controladora, empecé a sentirme mal conmigo misma, y decidí buscar ayuda. Fue entonces que conocí a Isabel Tena en una lunada y desde ahí empecé a entrar a talleres y cursos con ella, yo estaba en un peso de 260 libras cuando empecé el taller de Sanando mi Feminidad, desde ahí noté un cambio radical, estábamos en pandemia y todo era vía Zoom, después tomé otro taller con ella que se llamaba De Amazona a Maga, y empecé a ver muchos cambios. Por ejemplo, como iba bajando de peso, cambiando mi forma de expresarme, de verme, por lo que me interesó estudiar hipnoterapia para seguir avanzando y fue cuando entendí todo lo que Isabel utilizaba en sus talleres y por eso los cambios tan grandes, porque usa la hipnoterapia que ayuda a desprogramar y reprogramar la mente, se trabaja con el subconsciente. La verdad trabajar con la mente es algo maravilloso, y mágico que cambia tus creencias, tus programas de infancia, también se tratan traumas, fobias, y muchas más cosas que no dejan realmente avanzar, ni cumplir tus sueños y metas. Ahora tengo un peso de 180 libras, mi vida ha cambiado, mi forma de ser también, muchas creencias y hábitos que no me ayudaban a avanzar los cambié, y la forma de tratarme—ni se diga. Les recomiendo ampliamente la hipnoterapia. Fue un renacer y hora estoy cursando el tercer nivel de Hipnoterapia —y wow no saben qué información tan valiosa. Estoy dando sesiones en la ciudad de Novato, California para las personas que deseen."

## Carmen Andrea Fernández Loaiza

>Novato, California
>Email: Loaiza.02@hotmail.com
>Tel: 209-519-9509

❝Mi nombre es Rosario Renderos; CEO de Vida Holística Global, experta en liderazgo, desarrollo humano, terapias holísticas, y marca personal con presencia digital. También lidero individuos y compañías a alcanzar el siguiente nivel de éxito. Todo empieza con mi historia personal, soy una mujer latina e inmigrante salvadoreña que llegó a Estados Unidos con una maleta llena de sueños y metas, pero también con muchas limitantes que por mucho tiempo me estancaron. Después de ejercer muchos trabajos como la limpieza, obtuve un título profesional en este país y experimenté diferentes oportunidades laborales. A pesar de mis triunfos yo no me sentía completa, sentía que yo había nacido para algo más grande en la vida, algo que me permitiera impactar a muchas personas de una manera diferente, así fue como me llegó el momento de emprender. Tenía ganas de comerme el mundo, pero también sabía que para eso iba a necesitar crecer de la misma manera que mi negocio iba creciendo, por lo tanto, me rodeaba de mentores, de los cuales me volví la mejor alumna para convertirme en una gran maestra. Además de mentores, decidí continuar mi educación con distintas certificaciones, las cuales fui aplicando en mí, y la Hipnoterapia fue una de ellas, ya que cargaba con muchas creencias limitantes, miedos, y heridas de la infancia, las cuales no iba a permitir que se interpusieran ante la motivación y el deseo de alcanzar los títulos más altos dentro de la empresa que me encontraba en ese momento. Todo lo que aprendí a través de la Hipnoterapia lo apliqué en mí, y en los primeros cuatro meses me retiré de mi trabajo tradicional que tenía y me dediqué 100% a ser empresaria. De igual manera, apliqué el aprendizaje que tuve en aquellas personas que también tenían el mismo deseo de crecer al igual que yo, y los resultados fueron impactantes.

Ellos crecieron en todos los aspectos de su vida, y como equipo logramos vender más de $6,000,000 de dólares en un período de 5 años. En el año 2021 decido oficialmente en el mes de octubre crear Vida Holística Global, no solo para servir a las personas que formaban parte de mi equipo en ese momento, sino también para servir a todas aquellas personas, independientemente el tipo de emprendimiento que ellas desarrollaran, pues para mí lo más grande es que ellas cumplan con sus metas. El propósito es hacer lo que a ellas les haga realmente feliz, así jamás tendrán que trabajar, simplemente desarrollar y llevar a su máximo potencial sus habilidades y dones que Dios les ha regalado. Asimismo, hoy en día puedo decir que estoy poniendo al servicio de los demás los dones, habilidades, y talentos, que Dios me regaló a través de terapias holísticas y metodologías que lleven al éxito a cada una de las personas que buscan una vida próspera."

**Rosario Renderos**

>Vida Holística Global
>Instagram: @kiamilwr
>Facebook: Rosario Renderos
>Web: www.vidaholisticaglobal.com
>YouTube: Rosario Renderos

**"**Soy Aura Villa, fundadora de Aura Center y una emprendedora que decidió compartir su sistema, motivando, y ayudando a las mujeres empresarias a lograr controlar su ansiedad, obteniendo una calidad de vida integral desde el área personal, familiar y laboral de una manera rápida, fácil y sencilla. Para mí la Hipnoterapia me ayudó a decodificar los patrones transgeneracionales heredados desde el área personal, familiar y de negocio. Ahora me dedico profesionalmente uniendo mis conocimientos en coaching con Reprogramación Neurolingüística, Kabbalah, Negocios, Hipnoterapia a través de un Meta- MODELO que le ayudarán al cliente a identificar bloqueos personales, familiares y de liderazgo, adquiriendo claridad, dirección y propósito a quien desea emprender, rediseñar, o exponenciar su proyecto de vida de una manera productiva en al Área de la Bahía."

## Aura Villa

Aura Center
California, USA
Instagram: @auracenterterapias
Correo: hola@auracenter.org
Correo: holaauracenter@hotmail.com
Web: www.auracenter.org

"Cuando conocí la Hipnoterapia en el 2020, un mundo nuevo se abrió ante mí. Fue entonces que decidí formarme en línea, y luego de manera presencial, tomando clases cada viernes por un periodo de dos años. No solamente pude entender el porqué de muchas cosas, sino que también me ayudó a cerrar ciclos y sanar. Cada nuevo nivel que avanzaba estudiando con Isabel Owl era más y más productivo tanto en mi avance personal como en el profesional. Agradezco el conocimiento recibido en cada nivel, pues ha sido un antes y un después totalmente positivo en mi vida. Poder llegar al subconsciente a través de esta ciencia para programarlo o reprogramarlo, logrando así resultados únicos ¡Es algo fabuloso! He conseguido unir la Hipnoterapia con Registros Akáshicos, Transgeneracionales, y otros conocimientos y he logrado obtener increíbles resultados. Sin duda esto ha sido realmente la herramienta más poderosa que ha llegado a mí, con la cual pude ayudar a muchas personas a transformar sus vidas en algo positivo, logrando que puedan llegar al fondo de esas situaciones que no les permiten avanzar, salir de la rueda repetitiva, e incluso sanar físicamente. Personalmente, a través de Hipnoterapia y Registros Akáshicos pude llegar a vidas pasadas y finalmente solucionar esas situaciones en esta vida ¡Hoy trabajando la raíz del problema con la hipnoterapia he podido lograr grandes cambios en las personas!"

## Gabriela Centurión

Instagram: @gabriela.centurion333
Tel: 203-559-7830
Blog personal: Gabrielacenturion.com

"Mi nombre es Griselda Hernández y por mucho tiempo tuve ansiedad y ataques de pánico, al inicio no sabía por lo que estaba pasando, y el doctor me dio pastillas para la ansiedad que solo me hacían dormir para mantener mi amígdala desconectada. Yo tenía a mis niñas que necesitaban mis cuidados y busqué ayuda profesional para la ansiedad, pero los consejeros que me atendían no entendían mi situación. El problema principal era que no hablábamos el mismo idioma, ellos me dijeron que la ansiedad no me causaría daños, que todo estaba en mi mente, pero yo sentía los síntomas de la ansiedad tan reales, y decidí buscar ayuda con hipnoterapeutas mexicanos, pero no me quisieron atender a distancia. Sin embargo, compré unos audios de relajación que tenían autosugestiones, me ayudaron un poco, no obstante, la ansiedad seguía ahí porque no había ido a la raíz de mis problemas. En el 2021 encontré a mi maestra Isabela y comenzaron mis clases con ella. La clase que más me marcó fue la de reducción de estrés, entendí por qué mi ansiedad seguía ahí. Usando la metáfora, comprendemos que nuestra mente es como una casa que necesita limpieza, pues, del diario se ensucia del estrés, después de semanas, meses, y años, todo eso se va acumulando hasta que se desborda y ahí empieza la enfermedad, dolencia, o malestar. Hice mi audio de reducción de estrés, y yo mejoraba cada día más. En ese entonces yo tenía problemas de la vista, ya me habían dado mis lentes, mi maestra dijo que la hipnoterapia sirve para encontrar la raíz de un problema y desprogramarlo, fue entonces que decidí comprobarlo. Me hice otro audio de reducción de estrés con sugestiones para mejorar mi vista y ahora no necesito esos lentes, la luz ya no me molesta, este verano la pasé espectacular. En este mismo verano me llegó mi cita para mi examen de ciudadanía, me puse muy nerviosa, el estrés llegaba de nuevo, en una reunión de práctica con mi compañera Lourdes Giselle, ella me hizo una inducción para mejorar el aprendizaje. El nombre de la inducción es Exámenes Sin Temor, con sugestiones especiales que era para mi caso personal y síntomas. El día de mi examen estaba tranquila, relajada, y contesté todas las preguntas correctamente. Gracias a la hipnoterapia, hoy vivo libre de ansiedad, tengo una vista saludable y logré lo que pensaba no podría lograr, ser ciudadana americana. Hoy agradezco todo en mi vida y doy gracias por tener tan buena maestra que es Isabela. Ahora yo como terapeuta certificada atiendo en Oregón a personas que sufren de ansiedad en mi comunidad y también otras personas de diferentes países por medio de Zoom. El día de hoy puedo asegurar que para mí las fronteras no existen."

## Griselda Hernández

Oregón, USA
Correo: graygarcia17@icloud.com
Tel: 503-875-5489

"Mi nombre es Luisa Rodríguez, conocí a Isabela a través de otra alumna de ella, Susana Saymoua, quien me había hablado maravillas de la formación y del servicio de Isabela. Me contacté con ella para saber más de la formación de Hipnoterapia y en esos momentos falleció mi papá y mi hermano. Yo había decidido no empezar la formación; sin embargo, tuve una reunión con Isabela, bastante nutrida y empática, que me ayudó a mirar mi duelo de una manera en la que pudiera seguir con mi vida y sacarle aprendizaje a la situación. Después de esta reunión con ella, decidí tomar la formación a pesar de qué había pasado solamente un mes del fallecimiento de mi hermano y mi papá. Mi vida ha cambiado realmente después de conocer a Isabela y formarme con ella como Hipnoterapeuta. Me ayudó a enfrentar mis traumas y mis dolores emocionales con valentía, con más conciencia, y con la seguridad de qué cualquier cosa que pase en mi vida que no sea positiva, siempre puedo encontrar la forma de utilizarlo a mi favor, y encontrar un punto positivo de aprendizaje y desarrollo.

Con el trabajo y lo aprendido en las formaciones con Isabela ha cambiado mi cuerpo y mi peso; yo llevaba años lidiando con el sobre peso y cuando empecé un trabajo personal con ella mi cuerpo empezó a liberar emociones de años. Ahora mi cuerpo está volviendo a su peso ideal, yo me siento mucho más ligera, emocionalmente, enfocada, alineada a mi propósito, y segura de que podré superar con éxito cualquier reto. Mi mentalidad, mi seguridad, mi negocio, mis relaciones personales, laborales, y mi vida en general se ha visto impactada de manera positiva; puedo decir que estoy por fin disfrutando de mi idea de vida ideal. Hoy me siento más segura de mis habilidades, de mis capacidades, de qué mi verdadero propósito si está en lo que yo vengo haciendo, vivo con más naturalidad, con más seguridad, me siento más empoderada desde el corazón y el verdadero conocimiento de mí misma, en mi luz y mi sombra. He estado creando más éxitos no solamente en mi área laboral, sino en todas las áreas de mi vida.

Isabela es una mujer que me inspira; su vida, su historia, su empuje para salir adelante ante todo reto de la vida, me recuerda que siempre tenemos acceso a las respuestas y soluciones que buscamos dentro de nosotros. He escuchado cientos de testimonios de sus alumnos, he tenido el placer de trabajar con ella y ver el cambio positivo de cada persona qué pasa por su vida. Admiro también la facilidad y la valentía que tiene para reconocer y abrazar su propia sombra; una cualidad que le he aprendido y que voy fortaleciendo cada día más, lo que considero un aprendizaje invaluable que solo ella me ha dado. Conocer a Isabela es fuente de inspiración y agradecimiento, para mí no es solo una mentora, es una amiga a quien admiro y valoro con mucho cariño."

**María Luisa Rodríguez**

Family Coach & Certified Hypnotherapist
Dallas, Texas
Instagram: @coachluisarodriguez
Tel: 469-618-1504
Web: www.coachluisarodriguez.com

"Me siento muy agradecida con la escuela School of Hynoterapy de Palo Alto, California, y especialmente con Isabela, por habernos guiado con su maestría durante toda la formación. A nivel personal tuve la posibilidad de cerrar etapas pasadas de mi vida de las que no tenía conciencia y, aun así, limitaban mi vivir y convivir con las personas de mi entorno más cercano. A nivel profesional, y después de llevar más de 15 años acompañando desde mi identidad de Coach Transformacional a directivos y equipos comerciales principalmente, adquirí herramientas para aprovechar más el poder de la mente subconsciente para ir a la raíz de las situaciones que les impiden avanzar para crear/fortalecer y sostener una identidad profesional sólida, basada en potenciar su desempeño y su bienestar. Confirmé la importancia de la gestión de nuestras emociones como motores para crear la vida personal o profesional que queremos y merecemos. Me encantó el aprender a utilizar la parte arquetípica y simbólica, es decir, el manejo del hemisferio derecho y contar con protocolos específicos para cada caso."

## María Carmen Cortés

Coach Transformacional e Hipnoterapeuta Certificada
Facebook: @Avanlid
Web: www.avanlid.com

"Empecé a estudiar Hipnoterapia en el 2017, yo ya estaba trabajando como Coach, sin embargo, me daba cuenta de que a mis clientes les faltaba algo porque veía que ellos una vez completando su meta volvían al mismo estado emocional. Con las herramientas de Hipnoterapia pude llevar a mis clientes a la raíz de sus conflictos y a los míos también. Fue de esa manera que encontré la mezcla perfecta en estas dos técnicas para la recuperación y reconciliación del ser. En lo personal la Hipnoterapia mi apoyó en mi carácter para poder defender y mostrarle al mundo mis dones y talentos, y ahora puedo decir con orgullo que estoy para apoyar a todo ser humano que venga en busca del autodescubrimiento."

**Fanny Mayo**

Coach & Hipnoterapeuta Certificada, Psíquica
Redwood City, California
Instagram: @Fannymayohipnoterapeuta
Facebook: Fannymayo hipnoterapeuta
Correo: Fannymayo@hipnoterapiapsico.com
Tel: 650-464-7429

"Hola, mi nombre es Andrea Salas, fundadora de Toci Healing House. Vivo en Tulum, Quintana Roo, desde hace 10 años, soy terapeuta holística, y tuve la dicha de conocer a Isabela en un viaje a Egipto en el año 2016. En ese tiempo me parecía muy mágico cada que la escuchaba hablar de la hipnoterapia médica, pero fue en un video en la Caja de Pandora que ella hizo hipnoterapia con la técnica de Las Pantallas que logré manifestar el dinero para asistir a las clases de hipnoterapia. Ha sido una maravilla, lo he aplicado en mí para cambiar creencias y romper patrones, y por supuesto lo aplico con mis pacientes y todos han quedado fascinados. Es una dicha poder conocer este tipo de terapias tan efectivas y a su vez poder compartirlas. En mí, he visto cambios en mi autoestima, y en lo que he logrado manifestar en mi vida, como poder ser madre. En una inducción de hipnoterapia, usando símbolos de la naturaleza, me veía embarazada, cabe mencionar que médicamente esto era algo casi imposible porque tengo hipotiroidismo y mi matriz estaba dañada por un legrado mal hecho. Ahora soy madre y empresaria exitosa, atiendo personas de todas partes del mundo y he podido sentirme merecedora de todo lo bueno, tanto así que atraigo clientes que son famosos como artistas y actores que me buscan para mis servicios de masaje, temazcal, y las terapias que ofrecemos junto con mi madre en Toci Healing House. Soy fiel seguidora de Isa y recomiendo ampliamente sus terapias, cursos y talleres ¡Atrévete a cambiar tu vida de la mano de Isabela Owl!"

# Andrea Salas

Toci Healing House
Tulum, Quintana Roo
Web: www.tocihealinghouse.com
Tel: 52-984-135-9002

"Mi nombre es Liliana Velázquez. Empecé a estudiar la Hipnoterapia en el 2017, después de haber pasado por un accidente automovilístico. El destino o la vida me colocó en este lugar sin saber todo lo que podría cambiar en mi existencia. He terminado mi Master Program de Hipnoterapia, el cual me ayudó a salir de la depresión que un accidente me avía dejado. También subió mi autoestima cómo mujer, amplié mis niveles de inteligencia, me aclaró la visión en vida personal, y muchas otras cosas más. Ahora me dedico a dar terapias presenciales y virtuales en la mayor parte de América Latina. Soy la fundadora de Holistic Sun desde donde realizó la terapia en combinación con la numerología, hipnoterapia, Cristoloterapia y algunas otras. Gracias a Isabela Owl por el acompañamiento y crecimiento como ser humano."

## Liliana Velázquez

Holistic Sun
Instagram: @Holistic_Sun
Facebook: Holistic_Sun
Correo: contactoholisticsun@gmail.com
Telegram: http://t.me/holistic_sun

"Mi nombre es Luis Enrique Figueroa Álvarez, soy cofundador del Grupo de Terapeutas de Holistic Sun. Desde que conocí la hipnoterapia existe un cambio total en mí, puedo decir que antes de conocerla me sentía y me veía como una persona con muchos miedos, inseguridades, y con traumas de la infancia que me estaban afectando de manera negativa. En el año 2017 decidí subirme al tren de la Hipnoterapia, y durante el proceso del estudio y las prácticas en las clases, en muy poco tiempo antes de finalizar el primer nivel de Hipnoterapia, pude sentir y ver los cambios en mi persona. Recobré la alegría, la seguridad, y la creatividad, entre muchas cosas más que hacía mucho tiempo no sentía. Ahora que termine mi Master Program, me siento muy feliz con los resultados favorables alcanzados en el ámbito mental, emocional, espiritual, físico y económico. Infinitas Gracias, Isabela Owl."

## Luis Enrique Figueroa Álvarez

Holistic Sun
Instagram: @holistic_Sun
Facebook: holistic_Sun
Correo: contactoholisticsun@gmail.com
Telegram: http://t.me/holistic_sun

"Mi nombre es Andrea Tirado, yo estudié Hipnoterapia presencialmente en la ciudad de Dallas, Texas. La Hipnoterapia me ayudó a poder dar el paso de salir de una relación que no era sana, a salir del victimismo, enfrentar mi responsabilidad, y sanar las emociones que me hacían seguir lastimándome al estar en una relación disfuncional. También comprendí que mis heridas de infancia me llevaron a escoger cierto tipo de persona como pareja, ahora me siento más segura, más hermosa, y más plena. Mi autoestima está fuerte, pude experimentar también cambios muy favorables en mi cuerpo, en mi figura, sigo trabajando en mí para ser mejor persona, y mejor mamá. Definitivamente, mis relaciones familiares y de amistad han cambiado, también estoy dando terapias para ayudar a otras personas desde mi experiencia para que puedan sanar y tener una vida más plena."

**Andrea Tirado**

Dallas, TX
Tel: 517-803-3590

"Mi nombre es Hebert Joffre Mastachi, desde hace 20 años trabajo en empresas que comercializan medicamentos y dispositivos médicos, y en el camino noté que muchas veces esta industria se enfoca en atender la enfermedad, pero no la salud, porque crecemos en sociedades donde no se enseña a escuchar y actuar conscientemente sobre nuestras emociones, nuestros pensamientos, la intuición y todas las señales de nuestro cuerpo que nos permitirían llevar una vida más equilibrada y plena. En la búsqueda de mi propio equilibrio he practicado y compartido conocimientos sobre Yoga, Ayurveda, Chamanismo, Astrología y recientemente Janzu (una terapia de relajación y meditación en agua). Fue a través del Janzu que conocí a Isabella y solo escucharla hablar con tanto amor y sabiduría sobre la hipnoterapia y su experiencia decidí probar e inscribirme al curso.

Para mí ha sido sorprendente entender y explorar el poder de la mente subconsciente, descubrir mis propios patrones de inseguridad y autosabotaje, encontrar su origen y en lugar de luchar contra ellos tratarme de forma compasiva para cambiar mis pensamientos y alcanzar nuevas metas. He podido explorar las técnicas que aprendemos con Isabella en personas con duelos y enfermedades, ha sido hermoso ver cómo avanzan a través del diálogo con su mente subconsciente, bajando su nivel de estrés y liberando las emociones de dolor y baja autoestima. Hay tanto poder en estas herramientas cuando son bien guiadas, recordando siempre que "el terapeuta propone, pero el subconsciente dispone." ¡Lo recomiendo ampliamente!"

Si estás en CDMX y quieres probar la Hipnoterapia no dudes en contactarme.

# Hebert Joffre Mastachi

Ciudad de México
Correo: hebert_joffre@hotmail.com

"Mi nombre es Raúl Díaz, soy médico de profesión y la Hipnoterapia ha sido parte de mi vida durante varios años. Esta es una herramienta que valoro bastante, ya que me ha permitido adentrarme a un mundo muy interesante y vasto, donde el subconsciente y el cómo procesamos esos eventos de nuestra vida desde diferentes perspectivas, me hacen entender un poco mejor el comportamiento humano. Para mí es importante entender cómo muchas veces podemos estar presentes en cuerpo, pero no estar presentes en mente, vivir el presente, pero estar estancados en algo del pasado, o bien viviendo algo que aún no ocurre. Muchas veces operamos de una manera en la que pareciera que vamos en automático por la vida, repitiendo patrones, o cayendo en comportamientos orquestados por creencias que vamos arrastrando de la familia, o de alguien del entorno que influye en nosotros. Una de las cosas que me encanta de la Hipnoterapia, es el tener la capacidad de acceder a la mente profunda, hacer la toma de consciencia y resignificar los eventos que nos han tocado vivir, para redirigir la vida a un estado de liberación y armonía. Es algo tan poderoso trabajar las diferentes técnicas con las que abordamos el subconsciente y logramos esa reprogramación desde lo más profundo, desde la raíz, que verdaderamente creo que es una bendición para la humanidad, y lo mejor aún es que me permite trabajarlo dentro de mi área laboral junto con otras herramientas que he obtenido en el camino."

## Raúl Díaz

Guadalajara, México
Tel: 331-047-4945
YouTube: @OndaEspiral

"Mi nombre es Loren Arellano, y quiero expresar mi agradecimiento y admiración a Isabela Owl por la maravillosa introducción a un mundo de conocimiento que ignoraba, y que fue la pieza clave que necesitaba para mi transición de crecimiento personal y profesional. Tengo más de 14 años de experiencia en la sanación con Nutrición Holística base planta, buscando las formas para sanar naturalmente, pues en el pasado yo padecía de quistes, nervio ciático, hígado graso, y riñón inflamado, y yo me resistía a pensar que tenía que resignarme a vivir así. Por eso aprendí a sanar la comunicación con los alimentos, hierbas, adaptógenos, y demás, lo cual me permitió gozar de la salud que sentí había perdido. Sin saberlo, la vida me tenía un maravilloso regalo por descubrir y la Hipnoterapia llegó a mi vida. Esto fue para mí la pieza clave para desintoxicar las memorias que aún habitaban en mi inconsciente y que se había somatizado en aquellos diagnósticos. Una vez que entendí esto, cada protocolo que aprendí por fin liberó en mis las respuestas del porqué de mis enfermedades. Esto me llenó de confianza y desde la primera formación comencé a aplicarlo a mis consultantes teniendo éxito en cada terapia realizada con clientes satisfechos. Ahora entiendo que la clave para entender el lenguaje universal del inconsciente se encuentra en las metáforas, símbolos, y arquetipos que conducen nuestra vida. Hoy ayudo a mujeres y adolescentes que quieren salir de la telaraña inconsciente proyectando la vida que quieren experimentar."

## Loren Arellano

Instagram: @latucoach
Correo: coachlorenarellano@gmail.com

"Mi nombre es Rosa Harris. Hace dos años y medio decidí embarcarme en este viaje maravilloso de aprender Hipnoterapia. Yo tomé clases en línea con la profesora Isabela Owl y creo que ha sido la decisión más acertada en vida. A través del conocimiento que he adquirido en los diferentes niveles de Hipnoterapia, he tenido la oportunidad de ver cómo las personas con las que he trabajado han tenido cambios extraordinarios en sus vidas, y a la misma vez yo misma me he beneficiado de esta Hipnoterapia. Es muy gratificante ver el cambio en estas personas después de una sesión de reducción de estrés. El estrés es algo que afecta a las personas adultas, pero en estos tiempos recientes está afectando más a los niños y jóvenes también. Es por eso decidí trabajar con este sector, enfocándome en niños de 5 a 11 años. Trabajar con niños de estas edades es hermoso, ya que se puede comprobar como la hipnoterapia puede ayudar a nuestra futura generación. Estoy agradecida inmensamente con Isabela por la labor tan hermosa de impartir estas clases y todo su conocimiento, pero sobre todo el amor y la pasión con la que nos enseña."

**Rosa Harris**

San José, CA
Email: rosimarce72@gmail.com
Tel: 408-410-2863

"Mi nombre es Mónica Mendoza Zorrilla, radico en Guadalajara Jalisco, en México y me gradué como Hipnoterapeuta a través de la Escuela de Hipnoterapia de Palo Alto California teniendo a Isabela como instructora. Tuve también la fortuna de colaborar con la escuela organizando la logística de uno de los diplomados en mi ciudad. Para mí ha sido una enorme fortuna el acceder a ésta hermosa formación, entender que trabajar con el subconsciente y con el inconsciente, otorga un potencial ilimitado de posibilidades de sanación, es algo maravilloso. El estado hipnótico es una herramienta de transformación, que permite cambios inmediatos y profundos en la salud emocional, y en los hábitos de los pacientes, de forma fácil y eficiente. Hace poco más de 5 años que estoy ejerciendo felizmente en mi ciudad, con una nutrida consulta y convertirme en hipnoterapeuta es una de las cosas más bellas que me han sucedido en la vida. Ser testigo de la transformación positiva de las personas que acuden a mi consulta, sentir su felicidad, y lo plenos que van sintiéndose en tan pocas sesiones, es verdaderamente un enorme privilegio. Me honra presenciar sus hermosas transformaciones. Reitero mi eterna y profunda gratitud y admiración a Isabela y a su hermoso y dedicado trabajo. Doy gracias al universo, por cruzarla en mi camino de aprendizaje para hoy poder ponerme al servicio con todo mi corazón."

## Mónica Mendoza Zorrilla

Guadalajara Jalisco
Instagram: hipnoterapiamonicamendoza
Tel: +52-331-107-4638
Web: www.sanandodesdetusorigenes.com

" Mi nombre es Susana Saymouaa. Yo me formé como una hipnoterapeuta certificada vía Zoom por un promedio de 2 años consecutivos con la escuela de Palo Alto School of Hypnotherapy, y estoy en proceso de terminar mi master program. Tuve la oportunidad de tener como maestra a Isabela Owl, ella es una excelente maestra con varios años de experiencia y muy preparada. A nivel personal la Hipnoterapia me ayudo a tener más seguridad en mí misma, a desbloquear creencias limitantes, a lograr independizarme, y dejar un trabajo en el cual no me sentía a gusto. La hipnoterapia es una herramienta maravillosa que está cambiando la vida de miles de personas. Ahora yo me dedico a dar sesiones de hipnoterapia combinándolas con otras terapias como el código de la emoción, GEMT (técnica derivada del tapping), y Biofeedback."

**Susana Saymouaa**

> Frisco, Texas (Norte de Dallas, TX.)
> Instagram: @susana.saymouaa
> Facebook: Susana Terapeuta Holistica
> Correo: susanasaymouaa@gmail.com
> Tel: 214-677-6588

"Mi nombre es Karina Botello, radico en la ciudad de Puebla, México. A mí la Hipnoterapia me ayudó enormemente, antes de estudiar y conocer la Hipnoterapia yo era una persona insegura, me deprimía mucho, tenía baja autoestima con pensamientos suicidas, y cargaba con una culpa de 18 años que no me dejaba ser feliz. Recuerdo que en el salón de clases en una demostración pude sacar esa culpa que me atormentaba, después de ese momento me sentí libre como el viento, al terminar el primer módulo de mi formación como Hipnoterapeuta sentí que tenía una llave que todo lo puede. Ahora sé que no hay límites, ahora siento amarme cada día más, amo la vida y amo ayudar a otros a liberarse de la culpa o de lo que les esté limitando, tengo la certeza que reprogramado la mente todo es posible."

**Karina Botello**

Puebla, México
Correo: karinahipnoterapeuta@gmail.com

"Mi nombre es Elvira Patricia Equihua, estudie la formación de Hipnoterapia en el año 2019. La Hipnoterapia cambió mi vida al momento que empecé a estudiarla, así mismo también tomé terapias, ya que me fui dando cuenta de muchos bloqueos que tenía a nivel inconsciente. Esta me ayudó a sanar mi autoestima, puesto que carecía de ella y no me daba cuenta. También comprendí por qué me sucedían repeticiones de un mismo patrón, a la vez estaba instalada en el papel de víctima, y poco a poco fui desmenuzando el rompecabezas de mi mente, hasta encontrar la pieza o raíz de cierta condición. Durante mi proceso de estudio, cada nivel me fascinaba más y más, especialmente el ir conociendo la mente humana a través de la Hipnoterapia. Fue ahí donde comprendí de dónde venía el no saber poner límites en todos los ámbitos de mi vida, por esa falta de seguridad, de amor hacia mí misma. Aprendí a darme cuenta del valor que tengo como persona, poner límites, a potencializar mis dones, a perder el miedo de hablar en público, a expresarme libremente, a no callar mis ideas, a saber lo que no quiero en mi vida, pero lo más importante, a amarme sobre todas las cosas. A partir de ese amor propio, mi vida dio un giro de 180 grados, pasando a la acción en mis metas que anteriormente postergaba. Hoy trabajo como Hipnoterapeuta desde mi oficina en Plano, Texas, donde doy terapias. Estoy muy agradecida con mi gran maestra Isabela Owl, ¡una mujer llena de magia y sabiduría, que sigan llegando los éxitos! Gracias, por tanto."

## Elvira Patricia Equihua

Plano, Texas
Tel: 214-945-7831
Correo: elvira.equihua@icloud.com

"Quiero compartir lo que la Hipnoterapia hizo por mí y agradecerle a Isabela todo el conocimiento que brinda es sus cursos. Me llamo Teresa Valencia, vivo en el estado de Puebla, y desde los siete años supe que debía sanar el alma de las personas, pero pasaron como 40 años para que yo supiera quien era, quien he sido, y quien seré. En el momento que escuché a Isabela hablando de Hipnoterapia yo dije, 'eso es lo que yo quiero,' y al preguntar el precio pensé es muy caro, y además es en otra ciudad (Guadalajara). Yo siempre había sido ama de casa, llevaba muchos años estudiando y buscando cómo curar el alma. Yo nunca había salido a tomar algún curso tan lejos, o tan caro, ya que yo era sola y en primer momento lo único que me podía detener era el dinero, pues los otros frenos los podía pasar. Fue impresionante que cuando se acercaba el curso ya tenía el dinero, no sé cómo pasó, pero tenía para el curso y los viáticos, ese fue el primer milagro. Cuando llego al curso y me ofrezco como voluntaria para una inducción según ligera, solo bastaron unas solas palabras mágicas que Isabela dijo, que me mandaron al vientre materno y experimenté el dolor más profundo en mi vida al ver que mi cordón umbilical eran puras navajas de rasurar (así fue como lo sentía en ese momento). Entonces comprendí cómo fue mi gestación no deseada, como comía cosas que dañaban mi salud, me llevaban a vivir el mismo dolor de gestación que fue muy doloroso, y muy sanador al mismo tiempo. Desde ese momento mi cara cambió su expresión, cada día me fui poniendo más bonita por dentro y por fuera, les puedo contar que con la Hipnoterapia he sanado el ser monje castigado por estudiar. Ahora soy libre de estudiar lo que yo quiero, he sido dragón, fui una mujer a la que le cortaron la lengua por compartir sabiduría, ahora hablo de lo que yo quiero, he sido dragón y me pude quitar la culpa por haber lastimado. Así fui sanando, reviviendo lo último que sané fue haber matado a mi actual esposo en otra vida, comprendí su comportamiento, me perdoné y pude perdonarlo porque en esta vida fue mi mejor maestro, junto con mi madre y mis hijos a todos los atraje de vidas pasadas para sanar algo pendiente. Hoy soy muy feliz, estoy en paz y aprender la Hipnoterapia fue sanador para mí, y mi familia. Ahora me dedico a dar terapia de hipnosis donde mi especialidad es quitar cualquier tipo de magia, ritual, y daños energéticos, para mí la Hipnoterapia es lo que siempre pedí, que yo pudiera sanar el alma donde yo me parara, sin necesitar más que mi presencia, hoy es lo que hago y me encanta. Nota: solamente trabajo por recomendación y respondo mensajes no llamadas."

**Teresa Valencia**

Puebla, México

"Me llamo Janeth Franco. Soy facilitadora de los procesos de transformación personal, especialista en terapias integrativas y energéticas ampliamente reconocidas por sus resultados. Cuento con formación en Hipnoterapia, Constelaciones Familiares, biodescodificacion, estudio transgeneracional, y método Yuen, entre otros. Yo represento a la Escuela de Hipnoterapia de Palo Alto (PASOH) en la provincia de Quebec y Canadá, en donde ya hemos organizado con éxito diferentes formaciones presenciales y de asistencia Online en años anteriores al 2020. Durante ese periodo, la escuela capacitó a personas que se dedican al área de la salud integrativa, incluyéndome a mí, y también se sumaron personas que eligieron aprender la Hipnoterapia con el fin de aplicar este conocimiento en su propio desarrollo personal. Particularmente la Hipnoterapia me ofreció una técnica rápida para identificar y reprogramar las ideas, creencias, y patrones tóxicos que me creaban limitaciones. Hoy día me apoyo en este conocimiento para ayudar a mis clientes a superar sus propios bloqueos e incrementar su bienestar."

## Janeth Franco

Quebec, Canadá
Instagram: @janethfrancoterapias
Tel: +1 514-690-6263
YouTube: Janeth Franco Terapias

"Desde que llegué a USA en busca de una mejor manera de trabajar, tomé la decisión de prepararme académicamente y me dediqué a investigar, y buscar un lugar en donde pudiera estudiar alguna carrera a fin con las terapias holísticas que ya tenía. Encontré en California a Palo Alto School of Hipnotherapy, donde me gradué de hipnoterapeuta profesional en el año 2011. Desde ese entonces mi vida cambió, y estoy dedicada a ejercer mi profesión complementando mis terapias de Reiki y masajes terapéuticos que hacía desde 23 años atrás. Ahora me dedico a tiempo completo a trabajar en el Área de la Bahía. Esta nueva oportunidad me ha permitido desempeñarme como profesional en el campo holístico, poder ofrecer mis servicios a la comunidad latina, y que confíen en las terapias holísticas. Ha sido una gran experiencia trabajar con estas terapias, los resultados son excelentes y las personas sanan diferentes enfermedades y síntomas, como el estrés, la depresión, los miedos, el abandono, y muchas más logrando buenos resultados. Agradezco a mi profesora Isabela Owl por el tiempo dedicado a formarme como hipnoterapeuta profesional certificada. Estoy en este momento tomando la decisión de regresarme a mi país en donde me espera mi centro holístico para atender a la gente de Costa Rica."

**Adelita M. Chavarría Cono**

California, USA
Correo: lamatcr@yahoo.com
Tel: 678-886-7671.

"Mi nombre es Ana Rivera, me formé como hipnoterapeuta certificada en el año 2013, a la edad de 62 años, terminando hasta el cuarto nivel, en la actualidad tengo 70 años con muchos deseos de vivir y emprender muchas cosas. En lo personal, la Hipnoterapia ha sido una herramienta útil, para encontrar muchos aspectos de mi vida que no conocía y no tenían respuestas; ha sido una transformación increíble y muy valiosa, no solo para mí, ya que ayudo a muchas personas con las terapias. Yo pude descubrir los talentos que tenía guardados en mi subconsciente. Liberé cargas emocionales que no me permitían avanzar, encontré la seguridad, la claridad, y el enfoque para emprender un negocio o cualquier actividad. También resolví dudas de mi vida liberando cosas del pasado, me siento más conectada y enfocada con el presente y mi familia. Hoy en día la Hipnoterapia la combino con las terapias y mis talleres de medicina natural como la herbolaria y aromaterapia, sanando a muchas personas con traumas, depresión, estrés, dolores físicos, ansiedad, fobias, etc. Cada día reafirmo el cambio que hubo en mí, por tal razón encontré un propósito en mi vida, el de ayudar a sanar a muchos de una forma y manera rápida. Básicamente, se trata de ayudarse y ayudar a las personas a usar el poder de la mente subconsciente y hacer cambiar nuestras vidas y tener un estado de concentración y enfoque interna. Comprendí que somos los únicos responsables de nuestras vidas y que el cambio es posible cuando se busca y se compromete hacer un trabajo que requiere de descubrir, aceptar, sanar e integrar. Atiendo consultas en El Salvador y California."

# Ana Rivera

Salvador & California
Correo: anarob82@hotmail.com

"Mi nombre es Zulema Gassei y estudié Hipnoterapia en el 2018 en Palo Alto School of Hypnotherapy viajando desde Los Ángeles, California a Palo Alto, California por 2 años. Durante este tiempo mi determinación para graduarme y obtener mi Master Program fue grande e imperturbable, ya que yo tenía que hacer un viaje redondo de aproximadamente 12 horas cada fin de semana. Esto pude hacerlo gracias a las poderosas herramientas claves que aprendí en el programa, mismas que integré con Chamanismo Existencial. La Hipnoterapia me ayudó a expandir mi percepción, a auto observarme a niveles profundos y desde ahí pasar al autoconocimiento personal. También aprendí a auto sanarme, ya que es bien sabido y comprobado el poder transformador de la Hipnoterapia, por eso digo que yo no creo en la Hipnoterapia, sino que la conozco por experiencia personal porque la he vivido."

## Zulema Gassei

Los Angeles, california
Facebook: Terapeuta Holística Zulema Gassei
Tel: 323-807-087

"Mi nombre es José Mario Rivera, soy salvadoreño, y residente de Richmond, California. Yo estudié Hipnoterapia con Isabela Owl en Palo Alto School of Hypnotherapy, siendo ella directora de esta escuela, terminé la maestría en el año 2015 quedando pendiente la tesis para completarla. Me consta que todo lo aprendido por todas las clases recibidas por Isabela Owl, me dio las herramientas claves y necesarias para poderme desenvolver eficientemente en todas las áreas psicológicas, para ayudar, empezando por mi persona, después por mi familia, amigos y muchas más personas que han deseado ayuda. El día de hoy Isabela ha sido una guía no solamente de mi persona sino el de muchas generaciones de mi familia y amigos, gracias a su enseñanza en este campo maravilloso de la mente. Me consta que para poder triunfar en todos los campos que nos da la vida, es necesario tener y llevar las herramientas adecuadas y precisas, solo así encontraremos la verdadera persona que somos. Para ser feliz no solo en lo presente sino en futuras generaciones. Gracias, Isabela Owl."

**José Mario Rivera**

> Richmond, California
> Email: mario.rivera.1958@gmail.com

"Mi nombre es Claudia Preciado, y tomé la formación de Hipnoterapia desde el nivel 1 hasta terminar con mi Master Program, del cual estoy en proceso de presentar mi tesis final. Mi especialidad es lo sagrado femenino, ayudando a mujeres a llevar una vida más plena sin tanto estrés y responsabilidades que creen que tienen que llevar sobre sus hombros, basado en sus creencias, en su cultura, e incluso muchas veces en su religión. Cuando entré a esta formación mi salud había colapsado, tenía sobre peso, diabetes, problemas de tiroides, y el curso del nivel 101 cambió mi salud para mejor. Durante el curso me fui desprogramando de creencias limitantes y rompiendo cadenas ancestrales que venía arrastrando. Hoy ayudo a mujeres desde la gestación para que puedan traer vidas al mundo ya con una nueva percepción, libre de creencias, patrones, y sobre todo para que esas nuevas generaciones puedan vivir libres de cargas que no les corresponden. Me siento feliz de poder colaborar con mi comunidad y hacer la diferencia."

**Claudia Preciado**

>Dallas Texas
>Tel: 469-777-0410

"Mi nombre es Seidy Morales y he trabajado en la salud integral de mis clientes desde hace 14 años. Durante el año 2022 ingresé a las clases de Hipnoterapia 101, Hipnoterapia Avanzada, e Hipnoterapia Clínica, después de escucharla dar una charla en un grupo de mujeres con respecto a creencias limitantes del dinero y como ese mal programa podía ser reescrito, lo cual me impactó y me sorprendió también, ya que me encontré siendo portadora del mismo. Al inscribirme mi intención era mejorar mi trabajo profesional en consulta y conocer aún más de los procedimientos, pero en realidad encontré muchas sorpresas que transformaron mi vida. La Hipnoterapia definitivamente superó mis expectativas y me mostró herramientas muy poderosas para ayudar en la evolución de la consciencia por medio de la liberación física, emocional y espiritual. También me mostró que todo depende tanto de factores como de posibilidades, en las que los resultados son tremendamente positivos según la disposición del cliente. Los casos en consulta se ven ahora beneficiados y puedo ir más profundo en el mismo tiempo y con mucho mejores resultados. Muchas cosas han sucedido en mi vida en este año de estudio que tienen que ver con mi crecimiento personal, mi historia y mi salud en general, gracias a las clases. Entiendo que el hecho de estudiar seriamente mi proceso y el de otros compañeros me cambió paradigmas, puntos de vista y hábitos. Aunque las clases son muy buenas y el material a estudiar es muy profundo, la seriedad y el compromiso de Isabella con cada uno de nosotros nos hace ir más allá. Estoy muy agradecida por esta experiencia y definitivamente quiero seguir aprendiendo con ella, ya que siento su deseo de crear seres humanos conscientes, creativos y saludables. Una reflexión Zen dice, 'Cuando el alumno está preparado, aparece el maestro.' Estoy segura de que eso es así y este es el momento de cruzar las barreras de nuestros límites."

## Seidy Morales

Terapeuta Holística
WhatsApp: +506-8909-4334

"Estudiar Hipnoterapia ha sido una gran experiencia, porque me ha permitido conocer una herramienta terapéutica para contribuir con los clientes y guiarlos en los procesos que están viviendo y que desean sanar. A pesar de mí poca práctica, trabajando con Hipnoterapia, los resultados han sido satisfactorios. Comparto comentarios de los clientes y/o voluntarios, que he atendido, en los que se demuestran los beneficios de la Hipnoterapia:"

*"Me sentí muy tranquila y relajada."*
*"Logré cambios de actitud."*
*"Mi estado de ánimo mejoró."*
*"Me permitió empoderarme."*
*"Logré una liberación emocional."*
*"Noté cambios en mi cuerpo y la forma de percibir la vida."*
*"Me ayudó a tener más claridad y entendimiento de lo que estaba viviendo."*
*"Soy más consciente de lo que estoy generando en mi vida."*
*"Estoy aprendiendo a fluir y a soltar."*
*"Entendí mejor mis problemas."*
*"Saqué muchas cosas que traía atoradas.*
*"Me permitió abrirme a contar cosas que tenía bien guardadas en mi mente y la pensaba superadas."*
*"Me doy cuenta de algunos bloqueos instalados en mi mente."*
*"Me ayudó a sanar mis emociones."*
*"Me confortó al hablar sobre mi gran dolor."*
*"Encontré solución y tranquilidad."*

*"Me siento con mucha paz."*

## Flora Rodríguez Colunga

Correo: florroco2017@yahoo.com.mx
Tel: +52-553-974-0904

# BIBLIOGRAFÍA

Byrne, R. (2021). El Secreto Más Grande (Spanish edition) (The Secret) (Vol. 4). HarperCollins Español.

Dacher, E. S. (1997). Whole Healing: A Step-by-Step Program to Reclaim Your Power to Heal. Plume.

Goddard, N. (2017). Sentir es el Secreto (Spanish Edition). CreateSpace Independent Publishing Platform.

Hay, L. (1991). Usted Puede Sanar su Vida. Hay House Inc.

Papyrus Harris I: hieroglyphische Transkription. Bibliotheca aegyptiaca 5. Brussel: Fondation égyptologique reine Élisabeth

Patanwala, A. E., Norwood, C., Steiner, H., Morrison, D., Li, M., Walsh, K., Martinez, M., Baker, S. E., Snyder, E. M., & Karnes, J. H. (2019). Psychological and Genetic Predictors of Pain Tolerance. Clinical and Translational Science, 12(2), 189–195. https://doi.org/10.1111/cts.12605

www.ingramcontent.com/pod-product-compliance
Lightning Source LLC
Chambersburg PA
CBHW022027050526
44107CB00096B/61